最短で成功する
営業力

株式会社ART TRADE JAPAN
代表取締役
後藤 伸

最短で成功する営業力

はじめに

「営業」

読者のみなさんはこの言葉にどんなイメージを抱くでしょうか。「営業マンになったら、ノルマを課せられて厳しく叱責されそうだ」「新規開拓営業で、お客さまに追い返されそうで怖い」などと否定的なイメージを抱いているかもしれません。

だけど大丈夫。営業はそんなにネガティブな仕事ではないのです。それどころか、自分の個性を存分に発揮し、同時に自分の人間性を磨くことができます。なぜなら、**営業に最も重要なのはあなた自身の「魅力」だからです。**

たしかに営業を行うには商品やサービスへの豊富な知識や商品の特性を説明するスキルとテクニックが必要です。そうしたノウハウはブックオフで100円の本を買えば勉強できます。ですが、スキルさえあれば有能なセールスマンになれるわけではありません。

では、営業には何が必要なのか。私は常々、セミナーの受講生に、お客さまと良好な人間関係を構築できる能力だとお伝えしています。営業マンと顧客という枠を乗り越えた信頼関係を結ぶことができるか。その鍵を握っているのが、営業マン自身の人間的な魅力です。

今の世の中は商品やサービスが良質かつ低価格で次々と生み出されています。その結果、どうなったでしょう。みなさんが仕事で使っているパソコンに象徴されるように、同一の価格帯の製品は優劣にそれほど差がありません。

分かりやすくいえば、どれも同じレベルなのです。そうした中、現代のお客さまは何を判断材料として、「買う」「買わない」を決めるのでしょうか。

もうお分かりですね。セールスマンの魅力です。**商品やサービスの魅力より、人の魅力に心を奪われてしまうのです。**

ただ、ここで言う「魅力」とはあなたがその商品やサービスに何年関わっているという年数のことではありません。あなたが一日一日を精一杯生きているか。なんとなく営業を続けているのではなく、この営業という仕事の使命感に燃えて、契約や販売といった成果に満足できているかということです。要するに仕事や生活の「密度」。これが営業マンの魅力なのです。その**営業マンの魅力を構成しているのがその人自身の人生観や価値観、揺るぎない考え方です。**

このように自分自身の生きざまを見つめてお客さまの元に向かいましょう。その際に大切なのは商品やサービスを売りつけに行くのではなく、**自分がお客さまを救うのだという気持ちを持つことです。**

私はこれから本書でセールスマンとはどのような仕事なのかをみなさんに伝えていきます。**営業とは単に商品やサービスを売るのではなく、お客さまの相談に応え、悩みを解決することです。だからこそセールスマンの魅力と人間関係構築能力が重要となります。**こうした能力を開発するために本書を活用していただければこれほどの幸せはありません。

目次

第3章 〝圧倒的な魅力を身につける〟人間力を高める秘訣 079

第6章　一流セールスマンがやっていること　157

序章

営業力とは人間力

営業という仕事に重要なのは自分の魅力。つまり人間力です。お客さまに嘘偽りのない自分を披露し、互いを尊重し合うことで、この人間力は発揮されます。

私自身の営業活動の歴史は次章で説明しますが、かつてこんな経験をしました。まだ大学生のころ、私は自費出版のセールスをしていました。出版とはいえ、お客さまに紙の本を買いてもらうのではなく、電子書籍です。

忘れもしない大学4年のとき、名古屋駅地下の「プロント」である女性に自費出版について説明しているとき、私にとっての大きなエポックが訪れました。

私は自分がなぜこの仕事をしているのか、仲間と一緒につくった営業組織をどう発展させたいのか、仲間たちの頑張りにリーダーとしてどう報いてあげたいのかを淡々と語っていました。

すると、女性は口が重くなり、私をじっと見つめ始めました。私はふと心配が心の中をよぎり、

「どうしました?」

と問いかけました。その瞬間、女性の頬を一筋の涙が流れ落ちました。彼女は私の話に心を打たれたと言い、こう続けました。

「なんだかすごい。後藤さんのような頑張っている人がいることを知りませんでした」

そしてこうも言ってくれました。

「これまであなたのような誠実な人に会ったことがありません。なんだか私、本を書きたくなりました。私の周囲の人たちにもあなたのことを話したいと思います」

その言葉どおり、彼女は電子書籍の顧客になってくれました。それだけでなく、自分の友人など４人を紹介してくれたのです。そのうちの３人がほぼ即決といえるスピードで自費出版の契約をしてくれ、もう一人もまもなく契約書にサインをしてくれました。自費出版の料金は30万円と、ＯＬやヤングサラリーマンの月給を超える金額。決して安いとはいえません。

にもかかわらず、４人が電子書籍本の契約をしてくれたのは、私ががむしゃらに自分の思いを伝えたからだと思います。

この出来事から、**私は営業はただ商品やサービスを売るのでなく、お客さまと気持ちで通じ合うことなのだと知りました。**売る側と買う側の連帯感とでもいいましょうか。それが営業の醍醐味であり、楽しさなのだと。

この女性との出会いをきっかけに電子書籍のセールスは順調に進み、営業スタッフを増やして、私の会社は拡大することができました。

人との出会いを大切にし、嘘偽りのない接し方をすれば、お客さまは心を開き、多大な信頼を寄せてくれる。まだ大学生だった私はそのことを学ぶことができたのでした。

とはいえ、営業やセールスはどうしても「厳しい仕事」というマイナスのイメージがあります。敬遠されがちなのです。

かく言う私も実はそうでした。中学時代や高校時代、将来なりたくない仕事のナンバーワンが営業だったのです。当時は「セールスマンなんか、死んでもなりたくない」と毛嫌いしていました。それが今ではこうして営業のノウハウを教える立場なのだから、運命は不思議です。

こうなったのは大学時代に営業という仕事に携わったからでした。学生時代の経験で**「営業力は必須能力だ」**と気づかされたのです。

営業力とは5つの力と言われています。5つの能力から構成されているという意味です。

まず**ひとつ目は「コミュニケーション能力」**。言うまでもなく、自分以外の人と会話し、心を通わせる力です。これは仕事でも生かせますし、プライベートの人間関係や恋愛においても大きな力を発揮してくれます。だから、営業を細分化する際に最初に挙げられる重要な項目がコミュニケーション能力というわけです。

2つ目は「ヒアリング力」。相手の話をしっかり聞いて、人間関係を円滑につくっていく力です。これも生きていくうえで必須の能力。なぜなら、世の中の90%以上の人が自分の話をしたいタイプだからです。人はみな、自分の話を誰かに聞いてもらいたという願望を抱いています。みなさんも同じでしょう。

だけど、逆に相手の話を聞くのが好きという人は少ないと思います。つまり自分の話をするのが好きという人は多いものの、話を聞こうという人は少ない。そんな環境だからこそ、相手の話を聞く能力が求められます。営業力の講座を受けると、このヒアリング能力が身につくのです。

3つめは「思考力」です。思考力とはその人の考え方。なぜ営業を学ぶと考え方が身につくのか。答えは、営業マンはいろんな人と会うからです。数多くのさまざま種類の人たちに会っていく作業の中で、人間心理が分かるようになります。

人間心理はその人がどれだけ多くの人たちと会ったかという経験で身につけることができます。「十人十色」という言葉があるように、人はそれぞれの価値観と考え方を持っています。そうした千差万別ともいえる考え方や価値観に触れることによって、自分自身の考え方、価値観が人間としての器となって自分の中に広がっていくのです。

4つ目は何かというと「決断力」です。みなさんも何かをやるときに「これをやっていく」「これをやるぞ」という風に決めることがあるでしょう。

営業をやっていると、この決定する力がものすごく身につきます。「営業とは決断である」という場面がきわめて多いのです。なぜなら、営業の現場では相手に決断を迫ることが多いからです。

そうした緊迫の場面に毎日携わっていると、自分自身の決断も圧倒的に早くなります。食事をするためにレストランに入ったとき、一瞬でメニューを選ぶようになります。洋服を買うときもあれこれ迷いません。「自分に似合うのはこれだ」と選べるようになります。しかも判断を誤りません。

このように食事をするときも買い物をするときも、圧倒的に時間の効率が上がる。また、決断を早くすることによってさまざまな事柄がスピーディーに回り、さらに決断の循環を早くすることができます。

最後の**5つ目は「行動力」です。行動力はとても大事な力で、「継続力」とも言われます。**営業の仕事をしていれば、上記の4つの能力を身につけることができます。だけどそれだけでは不十分。一番重要なのは行動力なのです。

とはいえ、行動力を身につけるのはけっこう難しい作業です。なぜなら行動とは一過性のものではないから。つまり一度始めたことを継続することが求められるケースが圧倒的に多いのです。そして、この継続するということが最も難しいと考えてください。

一歩踏み出す経験を毎日している人にとっては、決断して行動に移すのはやさしい作業でしょう。新たなことを始めたり、何かに挑戦しようと決めて一歩踏み出すのはけっこう簡単かもしれません。しかし、それを長期に渡って継続するのはほとんどの人ができません。

私は営業を10年以上やってきて、今まで1万人以上の人と関わりました。その過程で仕事の成果が上がる人と、上がらない人の二極化が激しいことに気づきました。その人たちを観察し、両者は何が違うのかを分析したとき、あることが分かりました。

みんな決断力はある。だけど残念なことに行動力、つまり継続力がないのです。継続力がないから仕事ができないという人が発生する。そのため、成果があがる人と、あがらない人に二極化してしまう現象が起きたのでした。

このように営業力は細分化すると5つの力に分けることができます。

みなさんの中には「おれ、営業やってないから、営業力なんて関係ないよ」とか「おれは営業が嫌いだ。営業力なんて一生身につけなくていい」と思っている人が多いでしょう。

では、聞きます。

「今の時代に人と関わらずに生きていけますか？」

いけませんよね。**人と関わらずに生きていくことは、現代社会では不可能なのです。どんな仕事であろうと、絶対に人と関わらなければならない。**

だから今の時代は営業をやってる、やってないにかかわらず、プライベートや今の仕事、あなたがこれからやっていくビジネスなど、**あらゆる場面で営業力が必要不可欠となります。**これからの時代、仕事ができる、できないは何で決まるかというと、営業力があるか、ないかで決まるのです。

断言します。

これからの時代、営業力がない人は仕事がなくなります。これは間違いありません。なぜかというと、今の時代は世の中に良い商品やサービスが溢れかえっているからです。少し前までは高クオリティの商品は値段が高い、つまり高価格でした。言い換えれば、良い商品は高いお金を出さないと買えなかったのです。

しかし時代は変わりました。いまは低価格で買える高クオリティの商品がたくさんあります。高クオリティで安価な製品が溢れているのです。そんな中で、お客さまは品質や性能で商品を選ばなくなってきています。

ではお客さまは何を基準に商品を選ぶのか。

答えはひとつしかありません。

人なのです。買うか買わないかを人で選ぶ時代になりました。つまり**営業マンの魅力がお客さまの購入意欲を左右するようになったのです。**

こうした理由で、私が教えている営業セミナーでは商品を売る営業方法は一切教えていません。

商品のプレゼンテーションをいかにうまく行なうかとか、いかに相手を丸め込むか、相手を説得するかという営業を教えているわけではないのです。

では何を教えているのか。

それは**商品の話をせずに商品を売る営業方法です。**こう言うと、「矛盾してるよ」と言われるでしょう。だけど、**実際にプレゼンテーションをしなくても商品は売れるものなのです。**そのメソッドをぜひ、しっかりと学んでください。

第1章

自分自身のことを知る

営業マンが自分の魅力を存分に発揮するには、まず自分自身を知らなければなりません。そのために**自分のことを思いつくかぎり紙に書き出して、「ブレインダンプ」することが重要です。**

ある人物の人となりを語るとき、そのときの人物像をなぞるだけでは不十分だという考え方があります。その人を知りたくば、彼の歴史をひもとかねばならない。いわゆる弁証法的手法を使ってこそ、人の実像に迫ることができるわけです。

私がセミナーの受講生の人たちにブレインダンプを行なってくださいと指導するのは、生まれたときから、今までの半生を振り返り、あのときはこんなことが起きた。あのときはあれをやりたかった。あのときはこう思ったなどを**具体的に文字化することで自分自身を知って欲しい**からです。**自分や周**

囲の人たちの行動と感情を総括し、過去の完了を行なえば、次に自分がどう生きるべきか、どのように人生と向かい合うべきかが分かります。

具体的にいえば、人に騙された、事故に遭ったというような経験。こうした過去を分析すれば、次に被害に遭わないよう防止できる。他人との関係に軋轢が生じた経験は、友好な人間関係を結ぶための教訓となります。

営業の現場では、お客さまと信頼関係を築く重要な手段を教えてくれるのは間違いありません。これまでのあなた自身の半生が、自分の行く末を照らしてくれるのです。

私もいつも自分の過去を振り返り、そこに教訓や問題解決の糸口を見つけることがあります。ここで語っておきましょう。

私は1993年に、岐阜県大垣市に生まれました。現在27歳ですが、周囲の人には「28歳です」ということがあります。というのは2月に誕生した早生まれのため、実際は72年生まれの人たちと同学年だからです。

父は一級建築士で、母は看護師。私自身は4歳からピアノのレッスンに明け暮れ、スポーツの経験はほとんどありません。よく「本当なの？」と笑われますが、野球のルールだって高3で初めて知ったほどです。

ピアノの練習は一日に10時間、親に命じられるのではなく、ピアノが好きだから自発的に続けました。そうした日々の中、学校で教わる勉強に疑問を抱くようになりました。特に数学。国語や英語は大事な科目かもしれませんが、数学は好きな音楽を学ぶ上で必要ないなと思うようになりました。

「連立方程式なんか、ボクの生活に役立つことは絶対にないだろう」

こうした思いで選んだのが高校に通学しない道でした。通信教育課程に進んだのです。理由は学校の勉強に重要性を見出せなかったことと、ピアノの練習に専念できるから。一番好きなのはショパン。ほかにモーツァルトやドビュッシーにのめり込みました。

高校を卒業すると同時に、名古屋音楽大学に入学。このときから名古屋市内に住むこととなりました。当時は髪を伸ばし、セットに2時間もかけるほどヘアスタイルにこだわる生活で、あまりに派手な髪型のため電車の中で周囲1メートルに人が近づかない雰囲気も。そのころはロックバンドの「X JAPAN」に憧れ、YOSHIKIみたいな世の中に影響力を与える人間になりたいという夢を抱くようになりました。そうした将来設計もあってさらにピアノに真面目に取り組んだのですが、あるとき自分のしていることに疑問を抱きました。

きっかけは大学の先輩たちです。彼らはそれこそ一日に15時間も楽器の練習をし、卓越した技術を身につけています。並外れた音楽能力です。だけど演奏会を開いても、あまり人が集まらない。そのためほとんどの人がアルバイトで食いつないだり、親のスネをかじったりしているというのです。そうした実態に軽いショックを受けました。

どんなに高度な技術を持っていても、お客を集めてお金を稼ぐことができなければ宝の持ち腐れになってしまう。

自分自身のことを考えました。4年間、音楽に専念したところで、その先に何があるのだろうかと。

そこで到達したのが、いくら音楽能力があっても、自分を売り出す情報発信能力がないと陽のあたる場所に出て行くことはできないという結論です。

「影響力のある人になろう」

大学2年のとき、こう決意しました。

このころ大学の先輩からこんな言葉を教えられました。

「営業力は影響力だ」

そうです。**情報を発信して自分を売り出す営業力と、世の中に刺激を与える影響力は同じものなのです。**営業力で影響力を導き出し、売り上げを伸ばさなければ何のための努力でしょうか。

そうした疑問への答えを求めて、すぐに行動を起こしました。名古屋では知らない人がいないほど有名なトップセールスマンのKさんに会ってみようと決め、フェイスブックを通じて連絡しました。ところがなかなか面会の許可が出ません。数回のアタックを経てやっと会うことができ、働かせてほしい、つまり営業を学ばせてもらいたい旨を伝えたのですが、Kさんの答えは、

「うちは少数精鋭だよ」

というもの。ますますKさんに魅せられました。自分を安売りしない姿勢がすごいなと感心したからです。

そこで、また会いたいとアプローチし、再度断られたりという事態を経て、Kさんから「では考えるよ」との言質をもらいました。これは脈ありだと手ごたえを感じました。以後、Kさんのもとで営業の修行をさせてもらったのです。

そのころ経験した営業の仕事は多岐にわたっています。訪問営業やキャッチ、携帯電話、光回線、NHKの勧誘など。そうした中、Kさんの勧めで前章で書いた電子書籍の営業も始めました。

19歳で個人営業を開始。大学3年のときは個人を脱して、組織をマネジメントするようになりました。一人よりも組織のほうが成果を最大限に伸ばせると気づいたからです。

お客さまから友達を紹介され、そのお客さまからまた新しいお客さまを紹介してもらうというようにビジネスの輪が広がりました。

こうした営業経験で思い知ったのがお金の有り難さでした。正直に告白しますが、中学、高校時代の私は親のサイフからお金をちょろまかしたり、通帳を持ち出して勝手にお金を引き出したりしていました。

ところが自分が営業でお金を稼ぐようになると、1万円稼ぐのにこんなに苦労するのかと気づきました。高校は通信教育課程でした。世間一般では通信教育の学費は安いと思われがちですが、それは間違いです。私が受講していた講座は普通の高校の3倍はかかります。音大の学費は4年間で1千万円もの高額でした。

私の父は建築士の自営業です。私の下に弟が2人います。それなのに私一人だけでもかなりのお金を投資してくれました。自分で働くようになって初めて、

「うちの両親はすごい」

と尊敬するようになりました。20年もよく育ててくれたなと思うと涙が止まりませんでした。

そうした思いから、今では父と母のそれぞれに毎月10万円ずつお金を渡しています。親が子供にお金をかけるのは投資なのだろうと思います。だから感謝の気持ちを込めてそれを配当として返済したいのです。最初のうちは毎月、両親の銀行口座にお金を振り込んでいましたが、それでは感謝の気持ち

が伝わらないと思い、今は毎月1回、両親と弟たちを集めて食事会を開き、その場で現金を渡すようにしています。

その間にも失敗はありました。21歳のときは投資のために銀行や消費者金融など7社から合計800万円を借り入れ。稼げると思いましたが、計算が狂い、結果は失敗でした。しかし、そうした困難も克服できたのは、「父を超える経営者になろう」と前向きに働いてこられたからです。

営業の仕事を続けながら、大学時代にはビジネス講座の講師もやり、500人以上の人たちを指導しました。初めて中国に行ったのは24歳のとき。大学時代に関わった飲食店経営の先輩に、これからはグローバルな視野を持たなければならないと助言され、一緒に出張したのです。これにはカルチャーショックを受けました。

たとえば航空料金。名古屋空港からまずロシアに飛んだのですが、行きの料金は700円、帰りは少し高くて1300円。往復2000円でロシアと往復できるとは……。本当にびっくりしました。

もっとびっくりしたのが中国人ビジネスマンとの出会いでした。彼はヨレヨレのTシャツに短パン、足はゴム草履。頭はボサボサです。言うなればホームレスのような風貌で、とてもじゃないが一流ホテルに出入りする恰好ではありません。なのに私たちのフロアに入ってきて、先輩と商談を始めます。聞けば株のトレーダーで、大規模な不動産取引もしているとか。

しかもです。彼は私の目の前で商談をし、7000万円の買い物をしていました。見た目はよろしくないけど、実は億万長者なのです。

「一体、どういうことなんだ〜！」

私は中国に興味津々になり、同時に、世界にはいろんな人がいるものだと痛感させられました。

そうしたこともあって、25歳のときには知人とともに中国に会社を設立。オフィスは北京駅から徒歩5分くらいの場所にあり、日本の商品などを中国に輸出入する業務を行っています。２０１８年5月には、現地の株式市場で上場も果たしました。海外拠点の重要性を感じた結果の中国進出でした。

商品やサービスが売れるかどうかは日本国内でも、海外でも同じ。製品の質が高く、セールスマンに魅力があれば、どんな商品も売ることができます。まさに、

「人生とは挑戦」

これは私がいつも自分に言い聞かせている言葉です。

自分の使命を知った出来事もあります。

24歳のときに経験した交通事故です。交通事故というと、クルマの正面衝突などを想像してしまいますが、私の場合はかなり違います。

24歳のとき、高速道路を運転中、大垣市に差し掛かったところで車体がフェンスを乗り越えて田んぼに落下してしまったのです。カーナビが古くて道路の形状がヘアピンカーブであることをアナウンスできなかったため、アクセルとブレーキの対応が遅れて起きた事故でした。

ふつう18メートルから転落したら死亡します。死亡しなくても重傷を追うはずです。ところが私も同乗していた男性の先輩も無傷でした。ケガひとつ追っていない。しいて言えば腰が痛かったくらい。それでもパトカーが2台駆けつけ、救急車も出動してくれました。救急隊員のみなさんに申し訳ないので、無傷ながら救急車に乗せられて病院に搬送されました。

このとき味わったのが家族と周囲のスタッフの温情です。

事故から1時間もしないうちに、家族が岐阜からかけつけてくれました。また、会社のスタッフ5人も同じ時間内に名古屋から到着。「後藤さん、大丈夫ですか?」と心底心配し、私の無事な姿を見て喜んでくれました。彼らがあまりにも心配そうな顔をしているので、「腰が痛いよ」と演技しなければならなかったほどです。

そのとき思いました。

「ボクはみんなに生かされているのだ」

だから今以上に家族とスタッフを大切にしなければならないのだと。

ちなみにこの事故は新聞でも報道され、「奇跡の生還者」という見出しがつけられました。

事故のあと、行きつけの整骨院に顔を出したら、「奇跡の男が来たぞ」と笑われたことを覚えています。

営業で一番大切なものは何かと聞かれたとき、私は、

「信念です」

と答えるようにしています。この事故を契機に、人はたった一人では生きていけないことを知りました。家族や会社のスタッフたちと共存するのだと。そのためには自分がどんな人間にならなければならないか、何のために生きていくのかという人生の指針を認識しなければなりません。こうした認識という作業を経ると、不思議なことに自分の周りに人が集まってきます。自分の魅力が彼らを惹きつけるのでしょう。

その向こうにお客さまがいます。お客さまの悩みを解決して、ともに喜び、その成果をスタッフと分かち合う。そうした信念があってこそ、営業マンは仕事の醍醐味と面白さを味わうことができるのだと思うのです。

変なヤツだと思われるかもしれませんが、私は自分自身が大好きです。地道に努力を繰り返せば、カリスマ性を身につけることができます。それこそ、

「後藤さんみたいになりたい」

と私を慕う人たちが現れるのです。営業のチームを率いるにはこうしたカリスマ性が不可欠ともいえるでしょう。

ここまで私の半生を読んでいただきました。**ブレインダンプを行なえば、自分自身が見えてきます。自分が見えれば自分の魅力も分かるし、欠点も分かる。これからどんな道を歩んでいけばいいかという選択も光明の下に示されます。**みなさんもぜひ、自分の足跡を残すブレインダンプに挑戦してみてください。

第2章

聞く人を引きつけるコミュニケーションの秘訣

聞く力のおかげでどん底からの這い上がり

前章にも関連することですが、**営業マンはお客さま、特に初対面の方と商談するとき、自分自身を語る必要があります。**それが相手の警戒感を解くための第一歩だからです。このときに**有効なのが「マイストーリー」を語ること。**つまり自分の生い立ちをお客さまに話して「私はこんな人間です」と伝えるのです。

ただし、このマイストーリーは5分も10分も話す必要はありません。30秒から1分を念頭において話し始めてください。その場合、注意点が6項目あります。以下、簡単に説明しましょう。

①楽しさの演出

お客さまに自分の過去、半生を語るとき、しかめっ面で「ボクはこんな暮らしをしていたんです」と打ち明けては、相手に引かれてしまいます。**マイストーリーは人生の「ビフォア、アフター」を語る行為。**昔はこうだったけど、今はこうですよと明るく話さなければなりません。切羽詰まった暗い顔は不向き。**笑顔を心がけてください。**

②不思議さを演出

初対面のときは、お客さまに「えっ、なんで?」「それ、どういうこ

と?」と疑問符を抱かせ、自分に興味を持ってもらうことが重要です。

たとえば「実はボク、以前、ホームレスだったんです」と切り出す。当然ながら、お客さまはびっくりし、「どういうこと?」「なぜ、ホームレスに?」と目を丸くするでしょう。

そこであなたは「実は前の会社が倒産してしまい、再就職が難航しているうちに生活苦に陥ってホームレスになりました」などと事情を説明します。

最初に倒産して再就職で苦労したという話をだらだら展開したら、相手に「ああ、そうなの。ドンマイ」と片づけられてしまいます。それよりも「ホームレスだったんです」と衝撃の過去を冒頭に提示したほうがインパクト十分。相手を話に引き込むことができます。

お笑いタレントではありませんが「つかみはOK」の状態になれるのです。もちろん、ホームレスから立ち直ったドラマも語らなければなりません。

③ 進化論を語れ

マイストーリーはその人が過去から現在に至るまでに成長していることが重要です。ホームレスだった人は、数年前はホームレスだったけど、今はこうして立ち直っていることを伝えましょう。なぜなら、**人は他人の進化に心を奪われるからです。**

もし目の前の人が「ボクは父親が有名な実業家で家に高級外車が何十台もあり、学生時代はフェラーリに乗っていた。いまボクは会社を3社経営していて、フェラーリを15台持っている」と打ち明けても、あまりインパクトはありません。それは過去と現在にギャップがないからです。

むしろ「3年前は仕事をする意味が分からず、上司に怒鳴られていたけど、今は営業の面白さを日々かみしめています」と言ったほうがいい。自分の進化が分からない人は社内の上司や同僚に聞いてみてください。

④話の「構成」を考える

ホームレスになったような話はともすれば暗くなりがちです。陰気くさい表情でそうした過去を語ったら、お客さまは「聞きたくない」と敬遠します。そうさせないために工夫しなければならないのが語るときの雰囲気です。

誰でも同じでしょうが、**初対面の人とは明るい雰囲気で会話したいもの。そのほうが楽しいし、お互いが相手と融和しやすくなります。**

ただし、必要以上の甲高い声や早口、焦ってセリフをかんだりするのはダメ。**声のトーンを落とし、落ち着いてゆっくり話してください。あとは礼儀とマナーも大事です。**こうした爽やかな第一印象を残したほうがのちのちの商談に有利となります。

⑤ 秘密の共有

仲のいい友達に「実はさあ……」と自分の内緒の話を打ち明けることがあります。これは両者の関係を親密にする手段でもあります。**初対面のお客さまやまだ親しくないお客さまと対するときも、「実は」という一語を入れることで相手が接近してくれることがあります。**ちょっとした言葉の演出で親近感が増すわけです。

とはいえ、何度も「実は」をやると、相手は「この人、あちこちで打ち明け話を乱発してるんじゃないか」と疑われ、軽薄な人物と思われてしまいます。

また、重すぎる話も禁物。「実はボク、ゲイなんです」と打ち明けたら、相手にドン引きされてしまいます。

打ち明け話は内容をしっかり吟味しなければなりません。

⑥最後は「真剣さ」

ここまでマイストーリーの語り方をお伝えしました。

大切なのは最後の締めです。

明るい雰囲気で、ドジ話や悲惨な過去を語ったあとは一転して、真剣な表情で商談に臨みます。ここでもギャップがものをいうわけです。

こう考えてください。

中学や高校時代に授業をさぼり、先生に逆らってばかりだった生徒が、あるとき突然、真面目に授業を受け始めたら、どうでしょうか。周りは「えっ、○○君、めちゃくちゃ真面目じゃないの」とびっくりするはずです。普段から品行方正な人よりも真面目に見えてしまうことさえあるから不思議。それが人間の錯覚というものです。このギャップがインパクトとなるのです。

私が言いたいのは、最初から最後まで同じパターンだと、どうしても単調な会話になってしまうということ。これではお客さまに自分を印象づけることができません。最初は「ボクはホームレスだった」と明るく語り、最後は真摯な態度で商談に臨む。**このギャップを演出してください。**

整理すると、**マイストーリーは手短に語り、話にギャップを盛り込むこと。**

陰気臭くなく、**明るい口調で展開し、ときに「実は……」と秘密を明かす。そして最後は真面目な商談で終える。**こうした一連の自己演出作戦のもとにお客さまの元に出向けば、相手は必ずあなたを気に入ってくれます。

相手に9割しゃべらせる話法

商談で大事なのは営業マンが自分の言いたいことを話すのではなく、**お客さまの考えをしっかり聞くことです。**

お客さまは本当はどうしたいのか。お客さまが求める奥のさらに奥までをしっかりヒアリングしてあげる。それができるかどうかで一流の営業マンであるのかが決まるともいえるでしょう。

そのために身につけておかねばならないのが**「HAVE」「DO」「BE」という三段論法です。**

「HAVE」は何が欲しいのか。

「DO」はそのために何をするのか。

「BE」はどうなりたいのか。

3つの言葉はお客さまの心理と行動を表します。**これは営業だけでなく、友人などと良好な人間関係を築く上でも役に立つので、覚えておいてください。**

アパレルのお店に男性のお客さまが来店して、かっこよくなりたいので洋服を買いたいと販売員に伝えたとします。その場合、「かっこよくなりたい」は「HAVE」、「洋服を買いたい」は「DO」に当てはまります。普通の販売員や営業マンは商品を推薦し、お客さまが気に入った商品を売って代金を受け取れます。これで販売は終了です。しかし、そのやり方はお客さまへの古典的な販売アプローチにすぎません。それでいいのでしょうか。

私は販売員はもっと深くお客さまのニーズをヒアリングする必要があると考えています。

「BE」の部分、**お客さまがどうなりたがっているのかという点から逆に考えることに重きを置いています。**つまり「HAVE」「DO」「BE」ではなく、「BE」「DO」「HAVE」の順番で、お客さまの意図を聞くのです。

お客さまが「BE」として「恋人が欲しい」という願望を持っていたら、販売員は本当にその洋服が必要なのか、その洋服を薦めることが最善なのかを考えなければなりません。その結果、違う商品を薦めるという選択も浮上するのです。

この販売法はその後のお客さまからのクレームを防止することもできます。「話が違うよ」と苦情を言われたり、解約されたりする可能性が激減するのです。

同時にお客さまに最善の道を勧めることにより、相手の信頼感を強めることができます。

重要なのはヒアリングすることによって、洋服を買いたいというお客さまの言葉の裏側にどのような深層心理が潜んでいるかを見極めること。

世の中には「HAVE」と「BE」が一緒くたになっている人がいます。「高級車に乗りたい」という「HAVE」の心理があり、「だからフェラーリを買う」という「DO」の行動が生まれる。だけど、どうなりたいのかという「BE」がはっきりしない。人によっては、この「BE」も「高級車に乗りたい」という願望だったりします。「HAVE」と「BE」が同じになってしまうというわけです。

この場合の「BE」は「周囲の人たちから一目置かれる人物になりたい」ということかもしれません。

それならば、本当にフェラーリを買うという選択でいいのか、違った車種のほうがいいのではないか。極端にいえば、高級車ではなく、別の物を購入したほうが納得できるのではないか——。こうしたアドバイスができる営業マンを目指さなければなりません。

「HAVE」「DO」「BE」ではなく、「BE」「DO」「HAVE」の順番で**お客さまの理想像から逆算して、顧客ニーズを探り当てる。**こうしたコンセプトのもとに営業活動を行ってください。

正しい話より好かれる話をすること

お客さまと向き合って商品をセールスするときは、自分が適切なメッセージを発しているかどうかをチェックすることが重要です。

なぜなら、営業マンの中には前置きが長すぎて顧客の気持ちが遠ざかっていくという人がいるからです。

しかも、顧客がなぜ自分から逃げてしまったかを理解できない。こうなるとビジネスの現場で浮かび上がるチャンスもありません。

よくある失敗が、営業マンが「ボクも昔、こうした悩みを抱えていましてね」と話を切り出すパターン。

「悩みを解決するためにAという商品を使ったけど効果がない。そこでBという商品を試してみましたが、これもダメ。最後にたどりついたこの商品が問題を解決してくれたんです」

と、そのときの様子を事細かく説明し、ダラダラと話を続ける。これだと、せっかく優秀な商品を持って行っているのに、お客さまは営業マンの話に飽きて購買意欲を削がれてしまいます。

最善なのは結論から話すこと。

「この商品を買うとこんな効果がありますよ」

「この商品を買ったお客さまはこんな悩みを解決できました」

と説明するのです。

つまり、その商品を買ったら、こんなに便利になれる、これだけ満足できるというベネフィットを最初に提示し、そこから詳しい商品説明を始めるのです。

もちろん、その過程で営業マン自身の体験を披露してもかまいません。

ネットのニュース記事やヤフー広告を見てください。見出しに「――なのか？」という疑問形が多いことに気づくはずです。こうした問いかけ系の文言にも人は反応します。つまり、**お客さまに質問を発することも効果があるのです。**

また、ネットのニュースなどは見出しがコンパクトにまとめられています。一本あたりがだいたい13文字以内。広告のキャッチコピーも同じ。これは人が気持ちよく読める文字数だからです。

人間というのは、誰かに自分の思いを告げるとき、ダラダラと長話をしたほうが相手が納得してくれるものだと思いがちです。

営業マンの中には、話せば話すほどお客さまが納得して商品を気に入ってくれると勘違いしている人がいます。何度も言いますが、これでは他人を惹きつけることはできません。

話の長さよりも、話の質が大切なのです。

お客さまに興味を持ってもらうには、事前に話す内容を端的にまとめ、結論から説明すること。結論は13文字以内のキャッチコピーをお手本にし、**短くて、相手の胸にグサリと刺さる内容にする。**そして**話の内容は自分がお客さまに一番伝えたいことを優先するのです。**

アポイント取りやプレゼンテーションなど、あらゆる場面で、この結論から語る会話術が生かされます。

ポイントは「起承転結」ではなく、「結・起承転」だと覚えておいてください。

説得するより納得感

商談で、お客さまを納得させるには5つのやり方があります。

（①ピクチャートークで相手の想像力を最大限にふくらませる）

これは営業マンの説明を、お客様がまるで写真を見ているように鮮明にイメージできるよう導くテクニックです。

たとえばお天気の話。「今日、めちゃくちゃ天気がいいですね」と言うより、「今日は今まで見たことがないほど雲ひとつなく、澄み渡るような青色の空ですね」と言ったほうがお客さまはイメージできます。

このように相手の脳裏にしっかりと映像を焼きつけるのがピクチャートーク。抽象的なトークより、今こういう人がいて、こんな話をしているんだよと、その情景をより具体的に語るのがベストです。

すでに述べた、私の事故体験を例に取れば、

「3年前、完成したばかりの高速道路を走行していたら、カーナビが道路の形状について適切な指示を送れなかったため、ヘアピンカーブであることに気づくことができませんでした。そのためカーブを曲がりきることができず、約2メートルのフェンスにぶつかり、車体がフェンスを乗り越えて田んぼの中に転落。高速道路は高さ約16メートル。フェンスの分の2メートルを加えると、なんと18メートルの高さから、ボクは車ごと落ちてしまったのです。一瞬、クルマと一緒に体が空中を飛ぶ感覚でした。3秒後、ダーンという音

とともにクルマが着地。ボクと同乗者の32歳の先輩は『わぁ〜ッ！』と悲鳴をあげ、強い衝撃を受けましたが、奇跡的に2人とも無事でした。気がついたら、目の前は刈り入れ前の青田。稲の穂がゆらゆらと揺らいでいました。フェンスの修理代と田んぼの補償で2000万円くらい払いましたが、先輩もボクもケガひとつ負わずにすんだのです。翌日の新聞でボクたちは『奇跡の生還者』という大見出しで紹介されました」

こう説明すると、単に「高速から落ちた」だけでは語られない、事故のディティールをクリアな映像としてイメージしてもらえるはず。

商品やサービスの説明をするときもピクチャートークによって、その商品を購入したら生活や仕事がこれだけ劇的に変化するというイメージを抱いてもらいましょう。

②ストーリー仕立てで伝える

商品やサービスを説明するとき、やってしまいがちなのが断片的に語ってしまうこと。これではお客さまは完全にイメージできません。その問題を解決するのが**しっかり筋道をつけ、ストーリー仕立てで語る方法です。**

商品のプレゼンテーションを行う際は、「ボクもこの商品をよく使ってます」ではなく、

「今までいろんな商品を使ってきたけど、全然痩せませんでした。痩せたい一心でいろんなことをやりましたよ。それこそスポーツジムに通ってハードなトレーニングをやったりもしました。でも体重が減ったのは一瞬。すぐに

戻ってしまう。太りすぎのため友達もできず、恋人もいませんでした。だけど、この商品に出会って1カ月で10キロ体重を落とすことができたんです。体重計の針が65キロで止まったときは感激で涙が出ました」

と物語のように語る。

ただし、これもダラダラと長くしゃべってはいけません。30秒から1分程度が限度。それ以上だとお客さまが飽きてしまいます。

事前に話のビッグポイントを書き出して、語る練習をしておくのがいいと思います。

③ 権威のある人の話を加える

あなた個人の意見や体験を伝えるほかに、**第三者の言葉も活用しましょう。**

第三者はなるべくなら有名人がベスト。

「元大リーガーのイチロー選手は試合の前に必ずカレーライスを食べていました。カレーを食べないとホームランを打てなかったそうです。だからボクも商談の前は妻の手づくりのカレーを食べます」

こんな会話で食品関連の商品やサービスを売り込んでみてください。

有名人以外の話でもかまいません。「先日、テレビのニュースで報じていましたが」とか「ボクが尊敬する先輩の話によると」などでもいいのです。

営業では自分の持論を伝えるのでなく、しっかりと第三者のコメントや教訓を生かす。 この作業でお客さまは商品やサービスの優位性を認識してくれるはずです。

④ブーメラン話法

商品説明の最中にお客さまが否定的な意見を言う、つまりNGを出すことがあります。

営業に不慣れな人はここで戸惑ってしまいがちですが、あわててはいけません。**ブーメラン話法を使ってください。**

これはお客さまが「私はキミと違ってこう考える」と反対意見を述べたとき、

「その考えも正しいと思います。ごもっともな意見です。ですが、この商品について○さんはこう言っていました」

ともうひとつの意見、考え方を投げかける方法。**お客さまの意見を真っ向から否定するのでなく、しっかり肯定しつつ、違った角度から失礼にならないよう反論して自分の主張を伝えることが大切です。**

⑤ 数字を活用する

これはかなり重要なテクニック。**話の中に数字を盛り込むのです。**「新聞にこんなことが書かれていた」ではなく、

「○新聞によると、3年後までにこの仕事に就いておかないと80%の確率で仕事を失うそうです」

と話すのです。「3年後」「80%」という明確な数字がお客さまの心理を揺

さぶります。

例のボクの高速道路転落事故も同じ。

フェンスが2メートル、そこを乗り越えたので18メートルから落下、２００万円で解決したという数字によって、相手は「本当にすごい事故だったんだ」と認識します。


数字は聞く人に納得感を与える強力な武器。


「何年前に○という学者がいて、彼によれば、20年後にこういう能力を身につけておかないと、△%の確率で仕事がなくなる、あるいは平均１００万円給料が下がるそうです。彼がこの論文を発表したのが15年前。ということはあと5年でこの能力を身につけないと失業や減俸に追い込まれてしまうことになります」

こうした論理テクニックをマスターしてください。

第3章

〝圧倒的な魅力を身につける〟人間力を高める秘訣

相手をいかに自分に引きつけるか

みなさんはこんな話を知っていますか。

東北のある林檎農園で起きた実話です。

林檎の刈り入れの直前にその地方を嵐が直撃し、せっかく育てた林檎のほとんどが地面に落ちてしまいました。これでは売り物になりません。林檎園に勤めていた人たちは「もうダメだ」と絶望しました。農園の廃業も覚悟したそうです。

ところが農園の園長は「これはチャンスだ」と考えました。さっそく行動を起こし、このマイナス要因をプラスに転化させて利益を生むことに成功したのです。

彼は何を考え、何をしたのか。

園長は落ちた林檎でなく、木の枝に残った林檎に目をつけました。そして「絶対に落ちない林檎」というキャッチフレーズをつけて1個3000円で販売。すべてがあっという間に完売しました。

誰が林檎を買ったのか。

すでにお分かりですね。受験生たちです。

「絶対に落ちない林檎を食べれば、試験に落ちない」、つまり「絶対に合格する」という願いのもとに通常より何倍も高い3000円の林檎を買い求めたのです。その林檎農園は嵐でほとんどの林檎が売り物にならなくなったにもかかわらず、売り上げが例年の3倍に達したと言います。

私はこうした話をセミナーのときに話し、受講生の興味を喚起します。すると、みなさん、目を輝かせて聞いてくれます。

お客さまとの商談も同じ。**相手が「へ〜ッ」と聞き耳を立てるような世間話をさしはさむと会話がはずみます。**そのためには日ごろから情報収集をしていればいいでしょう。

こういうと、「なぜ後藤さんは面白い話をたくさん知っているのか」「なぜ、いろんな体験をしているのか」と聞かれます。前述した高速道路を飛び越えた事故の話なども含まれます。この質問に、私は自分が常にアンテナを張っているからだと答えます。


タレントの千原ジュニアさんが同じような質問を受けてこんな回答をしていました。

「ボクの周りだけで面白いことが起きているのではありません。一人の人間だから経験したり、見聞きししたりできることには限度がある。だけどボクはエンタティナーだから、お客さんを楽しませなければなりません。そのためにアンテナを張っているのです」

つまり千原ジュニアさんもボクと同様にさまざまな情報に敏感で、面白い話を集めているというわけです。

林檎農園の話に戻ります。

この園長の頑張りは営業マンが見習うべき教訓をはらんでいます。

それはトラブルが発生したときに「もうダメだ」とさじを投げるか、それとも「なにくそ」と知恵を巡らせ、ピンチをチャンスに変えることができるかです。この意表をつくような発想は一朝一夕にはできません。やはり**古今東西の歴史的な史実を熟知し、その都度、最善の道を見つけることができる知恵を身につけていなければならないのです。**

もうひとつのことが言えます。トラブルでピンチに陥ったとき、「もうダメだ」と逃げ出す人と、頑張って難局を乗り切ろうとする人。第三者はこの2人のどちらを応援するでしょうか。後者の頑張り屋さんに決まっています。なぜなら、**人はピンチを乗り切ろうとする人物にひかれるからです。**

豊臣秀吉を見てください。

彼は墨俣一夜城の件や、柴田勝家と衝突して戦線を離脱し切腹させられそうになった事件など幾多の危機に直面しました。最大のピンチだった本能寺の変の際は「中国大返し」で畿内に戻り、山崎の合戦で明智光秀を滅ぼして天下取りに邁進することとなりました。

日本人はこうしたピンチをくぐりぬけた人物が大好きで、応援したくなります。つまり**危機をプラスにして逆境を乗り越えた人は人間としての魅力を増したことになるのです。**

「自分との約束」を守らないと信用失墜

人間とは「人の間」と書きます。この言葉が表すように、人は人間関係と無縁では生きていけません。誰かと関わりながら生きる、それが人間の営みです。

そうした中で**重要なのがその人の「信頼残高」です。**信頼残高とは自分が周りの人たちにどれだけ信用されているかという指標みたいなもの。残高を貯蓄して信頼を高めなければなりません。

この**信頼残高を増やす方法は「約束を守る」ということです。**ただ、一口に約束を守ると言っても、そこには2つの意味が存在します。

①相手との約束。
②自分との約束。

この2つです。

相手との約束は、何日までにこれだけのことをしますよという約束。お客さまと取り決めした納期や仕事の内容、代金などをしっかり守ることです。

この相手との約束も大事ですが、自分との約束はもっと重要です。これで信頼残高が貯金されたかどうかが決まると言っていいでしょう。

自分との約束は、他人ではなく、自分に対して、あることをいつまでにどの程度までやり遂げると確約することです。自分自身に向き合います。

人間は弱い生き物だから、つい甘えが出て「今度頑張ろう」と努力を怠り、自分との約束を破ってしまいがちです。自分が決めたんだから、無理して守ることはないという気持ちも出てくるでしょう。しかしここに落とし穴があります。

自分の約束を守らないと、自分の自信をなくしてしまいます。すると自己価値が低下します。自己価値が低下すると、自己尊厳を損なってしまうのです。

つまり**自分との約束を違えると、「自分の自信」「自己価値」「自己尊厳」という3つの自信を一挙に失ってしまう。**周囲の人はあなたを見て、「やっぱりあの人は口先だけだった」と失笑するでしょう。あなたは失笑を浴びると同時に信頼残高を失ってしまうのです。

周りを見回してください。志望校を設定して猛勉強し、見事に難関校に合格した人や、難しい国家試験を取得した人はみんなに尊敬され、信用されているはずです。

世の中には「相手との約束」と「自分との約束」の2つの約束があり、そのうち「自分との約束」のほうが大切だということを忘れず、毎日をポジティブに生きていきましょう。

手と腕の組み方で性格が分かる

中国の孫子に有名な言葉があります。

「彼を知り己を知れば百戦殆うからず」

この言葉で「彼」とは「敵」を指します。つまり「敵を知り己を知れば百戦殆うからず」の意味です。

ビジネスにおいて、お客さまの性格を知っていれば心強いもの。それこそ「百戦殆うからず」となります。

お客さまの人となりを知る方法が「手の組み方」と「腕の組み方」です。

みなさんもまず、両手を組み合わせてください。そして胸の前で両腕を組んでください。この手と腕の組み方は誰もが毎回同じです。途中で変わることはありません。この組み方でその人の性格が分かるとしたら便利ですよね。実はその方法があるのです。

まず手の組み方です。これは右手の親指が下になる人と、左手の親指が下になる人の2パターンに分かれます。

右手の親指が下の人は「右脳でインプット」するタイプ。感覚で物事をとらえます。「楽しい」とか「もっとやりたい」と考えやすい人です。

逆に左手の親指が下にくる人は「左脳でインプット」するタイプ。論理とか数式で物事をとらえます。

次に腕の組み方です。右腕の先つまり右手の部分が上にピョコンと飛び出ている人と、左腕の先が飛び出ている人に分類されます。右手が上に出る人は「右脳でアウトプット」するタイプ。反対に左手が上に出る人は「左脳でアウトプット」する人です。

右脳でアウトプットする人はたとえば映画を見たとき、「いや〜、すごかったよ。今日の映画ハンパなく面白かった」と抽象的な文言で熱弁を振るいます。

これに対して左脳でアウトプットする人は具体的にどの場面がどのようにすごかったのかをロジカルに語ります。

この4つを組み合わせると、次のように4つのパターンになります。それぞれを「勇」「誠《せい》」「義」「礼」という名称で説明しましょう。


「勇」――左脳インプット（論理的）で右脳アウトプット（イメージ）。

「誠」――左脳インプット（論理的）で左脳アウトプット（論理的）。

「義」――右脳インプット（イメージ）で右脳アウトプット（イメージ）。

「礼」――「右脳インプット（イメージ）で左脳アウトプット（論理的）。

「勇」のタイプはロジカルに言われたほうがインプットしやすいが、アウトプットのときはすごく抽象的。

「誠」のタイプはすごくロジカル。論理的に組み立てて話すので説明者に向いています。

「義」と「礼」は人間関係を中心としたリーダーシップを発揮するタイプ。「あの人には恩があるから」とか「あの人にはお世話になったから」という理由で仕事をするかどうかを決めます。

詳しく言うと……。

「勇」は、将来的に大きなビジョンがあるとか、「これをやっていくぜ」みたいな任務中心型のリーダーシップを発揮します。しかも行動に移すのが早い。だけど目的地を想定せず走り出すことがあります。やり方が分からなくても突き進んでいくタイプ。とにかく燃えます。

「誠」は任務中心の規則的な人。将来的にこれをやっていくぜと燃えるのは勇と同じですが、勇と違ってゴールから逆算して考え、いま何をしなければならないかを割り出そうとします。自由を求めている部分もあり、「好きなようにやらせてほしい」という気持ちを秘めています。

「義」は、自分がこうしたいという気持ちや願望よりも人間関係が中心。「あの人には恩がある」「あの人もやってるなら、自分もやってみようか」「みんなが喜べないと、自分も喜べない」と考えます。

「礼」も人間関係が中心。人間関係を基に順位立てで物事を考え、「チームでまとまってやるこの空間が好き」というタイプです。

もしこの4パターンの人が鍋料理をつくることになった場合、真っ先に具材を買いに行くのが「勇」の人。ただし、途中で「あれ、何鍋にするんだっけ?」と頭を抱えてしまいます。鍋の種類を決める前に駆け出したからです。

逆に「誠」の人は鍋をやるとなったときに「何鍋やるの?」「いつやるの?」「どんな具材を入れるの?」と細かく聞きます。ビジネスでは逆算してうまく段取りを整えるタイプです。

「義」の人は「鍋料理？　何でやるの？」と聞くタイプ。仕事でも「目的は何？」と質問し、理由がはっきりしないと動けません。

「礼」の人は一体感を楽しむために周囲に合わせます。「みんなが鍋をやるんだったら、自分も参加しようかな」と蚊帳の外から様子を伺い、参加後に盛り上げる性格です。

ビジネスや商談の際に、相手のタイプに合わせて営業トークをすると、成果が上がりやすくなります。

「勇」の人は将来のビジョンに引かれるから「この商品を買うとこうなりますよ」と未来の展望で説得する。

「誠」の人には「この商品を使ったら、来月末にはこうなります」と直近の結果を提示します。

「義」の人には「会社のみなさんが喜びますよ」とか、「みなさんから感謝されますよ」と伝えてください。

「礼」の人には「この商品は発案者のこのような意図で完成しました」とストーリー仕立てで語るのがベターです。

このように、ちょっとしたしぐさで相手の性格は分かります。お客さまを知れば百戦殆うからずなのです。

人は笑わせてくれるより、一緒に笑ってくれる人が好き

商談のときにお客さまと冗談で笑い合う――。これは相手と親密になる上で欠かせない行為です。**どんなケースでも人間関係は笑顔で構築され、笑顔でより強固になります。**

一緒にお酒を飲む、あるいはゴルフで接待をする。

そんなときも笑顔、つまり笑いが強い武器になります。

ただ、お客さまの心をつかむためにはもう一歩先に進まなければなりません。**笑わせるのではなく、一緒に笑うのです。**いわば「喜びの共有」ということになるでしょうか。

たとえば、あなたがお客さまに商品やサービスを買ってもらったとします。その契約成立の前にお客さまから悩みや相談を受け、先方が抱える問題点を聞いています。そうした状況を経てお客さまはあなたの商品を購入、つまり、あなたの商品で問題を解決した。積年の悪弊を解決できたのです。

当然、お客さまは喜びます。あなたも商品を購入してもらったのでうれしいはずです。

しかし、あなたの喜びはあなたの利益から生じたものにすぎません。人は敏感なものです。お客さまは「利益が上がったから喜んでいるのだな」とたちまちあなたの心理を察知します。

そうではなく、こう考えてはいかがでしょうか。

お客さまの喜びに自分が同化するのです。つまり相手が悩みから解放された、これからもっと快適になる。そうした喜びを我が事のように喜んであげるのです。つまり**お客さまと一緒に成功の笑いを高らかに放つ。**

ここにシンパシーが生まれ、お客さまはそのあとも長い付き合いをしてくれるし、ときには顧客を紹介してくれるでしょう。

喜びの共有は商談だけではありません。先方の担当者の家族構成などを聞いたとき、エポックとなる慶事をチェックしておくのです。

「そういえば、部長のお子さん、今度中学に入学ですね。学校は近いのですか？」

「いやいや、私立中学に決まったから電車で通うんだよ」

「お受験で合格したのですか。それはおめでとうございます」

こうした会話で相手の慶事をともに祝う。これこそが喜びの共感。つまり一緒に笑う行為です。

その際、相手の子供が中学受験でどんな勉強法をしたのか、親はどれだけ苦労し、心配したのかをよく聞いてあげ、

「本当に大変でしたね」

と労をねぎらうようにしてください。

受験だけでなく、人にはおめでたいことがたくさんあります。家族の誕生日もそうです。相手の子供や奥さんの誕生日に花を贈る。こうしたことも喜びの共有です。

要は心の底から喜んであげること。見せかけの喜びは演技として見抜かれ、逆に「こいつはお追従だけの男だ」とダメ出しされてしまいます。

では一緒に笑えるかどうかを決めるのは何か。

答えはその営業マンの人間的な魅力です。古いタイプの政治家には相手の喜びに共感し、ときには相手と悲しみを分かち合い、ともに涙を流す人もいました。田中角栄などがそうです。だから彼の選挙の地盤は盤石だったのです。

悪口は言わない、聞かない、関わらない

営業で先方の担当者にクロージングをかけるとき、ついやってしまうのが他社を悪く言うことです。ライバル会社の製品にケチをつけ、自分の商品が優れていると強調してしまう。

あまり売ることができないセールスマンは焦ってこれをやってしまいます。

人間関係には「引き下げの論理」という考え方があります。**相手をけなしたり、悪くいうことは、結果的に自分自身の価値を下げてしまうということです。**

もちろん、ライバル会社の商品の特徴を淡々と語り、自社商品の優秀さを説明するのはけっこうです。ただしその場合は事実だけを述べること。感情的になって、ライバル会社を避難すると、お客さまはあなたの人間性に疑問を抱きます。当然、信頼も薄れてしまいます。そしてこうも思います。

「この男はいずれ、うちのライバル会社を回って、うちの悪口を言い出すのではないか」

そうなったら長年の信頼も瓦解してしまいます。

一番いいのは、他社の商品をホメたあと、

「だけど当社の商品はこういう点で優れていますよ」

となるべく数字のようなデータを使って説明することです。こうすれば、あなたは自分の価値を引き下げることなく、自分の商品のメリットを冷静かつ客観的に語ったことになります。

その姿をお客さまは好意的に評価してくれるでしょう。

角度を少し変えて説明すると、**営業トークは誰もが使う手法を踏襲するな、ということです。**

私は自分の営業セミナーの研修の際、受講生のみなさんにこう言います。

「当社の営業研修自体に価値はありません」

最初の第一声で研修に価値がないと言われ、受講生はみんな、ビックリします。

ここでさらに、

「みなさんは月額９８００円の受講料を払っています。だけどビジネスのノウハウを知りたければ、ブックオフで１冊１００円の本を98冊買ってきて読んだほうがいいかもしれません」

人はこの衝撃発言で「えっ!?」となり、話を真面目に聞いてくれます。その結果、突き放された気持ちになり、逆に私を信用してくれるのです。このような自分に不利になる言動も相手の心をつかむ手段となります。

この手法を使うには、ある程度の人間的な魅力が必要とされます。手前みそになりますが、その魅力を身につけてもらうのが私のセミナーなのです。

第4章

営業力をトップレベルに高める秘訣

お客さまが一番必要としているのは安心感

お客さまとの商談の際に最も大切なのは相手に安心感を与えることです。

そのためには営業マン自身が商品やサービスの専門家になっていなければなりません。

お客さまと営業マンはどのような関係であるべきか？

私はいつも**「医師と患者の関係になれ」**と指導しています。この考えには読者のみなさんも賛同するでしょう。

通常、患者は医学の知識がありません。一方、医師は治療の専門家です。もし医師が医学の知識が乏しかったり、患者の前でおどおどしていたら、患者は安心して診察を受けることができない。どんな病気にも適切に対処し、自信と威厳を備えている医師、「この病院に行けば痛みや悩みが解消されそうだ」と思える医師に人は安心感を覚えるのです。

営業マンも同じです。

お客さまからどんな質問を受けようと、どのような悩みを相談されようと、豊富な商品知識を持ってあれこれと適切なアドバイスをしなければなりません。**営業マンには専門家の顔が必要なのです。**

商品が売れないと嘆くセールスマンは「自信」が欠落しています。また、営業という仕事に全身全霊を傾けることなく、なんとなくやっている。そのため熱意が感じられない。そんなダメ営業マンからは、どんなお客さまだって、商品を買いたいと思いません。

営業マンがお客さまの前で威厳を示すには4つの自信が重要です。「会社に対する自信」「商品やサービスに対する自信」「自分に対する自信」「営業に対する自信」です。

①会社に対する自信とは、自分が所属している組織の歴史や、なぜこの商品を扱っているのかをしっかり語れることです。つまり、あなたの会社が現在の業務を始めるに至った経緯のほかに、これまでの開発の苦労、歴代の経営者や従業員の思い入れなどを語ります。

②商品やサービスに対する自信は、その商品を購入したら、お客さまの暮らしや仕事がどれだけ変化するのかを語り、同時にこれまで担当したお客さまから寄せられた満足の声を紹介することです。つまり営業マンの感想ではなく、数多くの顧客の感想を伝える。これによって、商品の優位性を客

観的に説明できます。そのために会社の先輩や上司に、その商品によって顧客の仕事などがどれだけ改善されたのかをヒアリングしておいてください。

③営業に対する自信は、セールスの仕事に対する熱意と社会的な使命感を語ることです。お客さまは初対面の営業マンを前にしたとき、自分が騙されるのではないかという不安を感じるものです。それこそ「役に立たない物を売りつけられるのではないか」「高額の料金を吹っ掛けられるのではないか」と疑心暗鬼になっています。こうした不信感を払拭するには、営業マン自身がなぜその商品を愛し、お客さまに薦めるのかを語る必要があります。

営業という仕事をしている人の中には、なんとなく働いているとか、ほかに仕事がないから仕方なくこの業務に就いたというような人がいます。

そうした営業マンにお客さまは不信感と不安を抱くものです。そうなると、どんなに熱弁をふるっても説得力はありません。お客さまの気持ちはセールスマンから離れてしまいます。お客さまは、営業という仕事に誇りを持っている人に会いたがっているのです。

④自分に対する自信とは、成功体験を積み重ねることです。何年に渡ってこれだけの売り上げを達成し、顧客に喜んでもらえたという実績を心の内に反芻することで自分に対する自信が芽生えます。

また、これまでお客さまの約束を違えたことがないとか、アポイントの時間に遅刻したことがない、クレームを受けた経験がないなどの事実。つまり仕事をきっちりと遂行してきた。それも常に全力で働いてきたことなどの実績を重ねることで自分への自信が生まれます。

こうした**自信に満ちた営業マンはお客さまにとって輝いて見えます。**なかには目の前の営業マンに憧れの念を抱く人もいるでしょう。

そうなれば、お客さまはあなたに全幅の信頼を寄せてきます。ここに揺るぎない信頼関係が構築されるのです。

もうお客さまには不安はありません。あなたの魅力によって、すっかり安心し、前向きに商談に臨んでくれます。

営業とは商品やサービスを売ることですが、それだけではありません。**幸福感や満足感も一緒に売ることなのです。**

そのためにはお客さまに「この営業マンはほかの人と違う」「私の悩みや立場を分かってくれている」と思ってもらうことが重要です。

それによって、お客さまは「もっと話を聞きたい」「悩みを聞いてほしい」という気持ちになります。

お客さまが商品購入で迷っているとき

お客さまがあなたの商品やサービスの購入を迷っている――。

その理由は6つのパターンが考えられます。

「金銭的な理由」「時期的な理由」「漠然とした不安感」「誰かに相談したい」「他社と比較したい」「キミから買いたくない」の6項目です。それぞれを説明しましょう。

①金銭的な理由は誰もが推測できるはずです。その商品やサービスに魅力はあるが、値段や料金が高いというものです。もう少し価格を落とせないかとお客さまは迷っています。

②時期的な理由は、商品やサービスに興味はあるが、なぜ今購入を決断しなければならないのかという疑問を感じていること。分かりやすくいえば、いま購入することのメリットを理解できていないということです。

③漠然とした不安は、なんとなく不安だという気持ち。「本当に購入してもいいのだろうか」と迷っています。

④誰かに相談したいというのは自分一人で決めることへの不安感です。そこには自分自身が購入を決断するために何か判断材料はないだろうかという気持ちもあります。

⑤他社と比較したいというのは、他社製品のほうが性能がいいのではないか、あるいは値段が安いのではないかという疑問です。その商品やサービスに

お金を払いながら、購入後にもっといい物と出会ったとき、自分が後悔するのではないかと心配しています。

⑥キミから買いたくないというのは営業マンを信頼していないとか、波長が合わないという理由です。

お客さまが商談の最中に腕組みをして「う～ん」と唸り始めたら、この6つのどれかで迷っていると考えてください。

このうち一番多いのはやはり金銭的な理由です。

私も電子書籍の自費出版営業をしていたとき、この問題に何度も向かい合いました。お客さまは「本は出してみたいけど、30万円は高い。1カ月の給料を超えている。メリットはあるのかな」と逡巡していました。

そうした金銭的な不安感が次の不安感を呼び起こします。

自分自身に本を書く能力があるのかなと思案し、次に「忙しいから書く時間をつくれないよ」と否定的な方向に向かいます。

こうした事態を回避するためには他社の製品の価格はこうですよと説明できる資料を用意しておく。あるいは分割払いが可能で、毎月の支払いがいくらですむという条件を早めに提示する。日割りで清算できるものはその旨を通告する。

そしてその商品やサービスを手にしたら、これだけのベネフィットが得られるということをしっかり説明し、お客さまの脳裏にイメージしてもらうことです。

洋服の販売員の場合は「この服を着れば、プライベートではこんな自分に変身できますよ。それはお客さまの理想像ですね」とセールストークをし、購入のハードルを乗り越えられる支払い方法を提案してください。

商品を売るのでなく お客さまの問題解決のサポートをする

今は情報が氾濫している時代です。

さまざまな情報がわれわれの周りを飛び交っています。

情報だけでなく、商品やサービスにも常に新しいものが誕生している。そうした商品をリアルの営業だけでなく、アマゾンなどのネット空間で手軽に買うことができます。しかもプラス15%のギフト券などが付与されたりするから、ユーザーにとって便利な時代ともいえるでしょう。

こうなると、昔ながらの営業スタイルはたちまち陳腐化します。

古くさくて使いものにならないということも起きているのです。20年前や

30年前に成功した方法は、残念ながら現代では使いものになりません。

すべてがダメとは言いませんが、少なくとも古い営業マンの自慢話をそのまま参考にするのは考えものだということです。

昔は商品やサービスの種類が少なかったため、「こういう優れた物がありますよ」という提案型営業でも買ってもらえました。

このように実際に商品を売るのを「プロダクト営業」といいます。商品やサービスの使いやすさやメリットを説明すれば、お客さまは納得してサイフを開いてくれたのです。

しかし情報とモノがあふれている現代ではメリットの説明だけではユーザーは納得してくれません。

そうした流れの中で生まれたのが「ソリューション営業」です。これはプロダクト営業から進化したもので、お客さまの悩みや問題点をヒアリングして、「解決策はこれですよ」と提案するスタイル。相手の悩みに耳を傾ければ何を提案したらいいのかが分かったのです。

私が「分かった」と表現したのはこのソリューション営業がすでに役目を終えているからです。

では今の営業は何か。

ずばり「イノベーション営業」です。

イノベーション営業とはお客さまが気づいていない点に気づかせてあげること。相手が理解していない、感じていない悩みや問題点にこちらがいち早く着目し、その解決法を提案するのです。

現代社会ではお客さまが「フォートゾーン（快適な空間）」に閉じこもってしまいがちです。

本当は問題点に気づいて改善のために腰を上げるべきなのに、「まあ、こんなものでいいか」「周りもそうだしな」と諦め、閉じこもってしまう。そんなお客さまに「このまま進んで行くと自滅しますよ」と警告し、危機を回避する方策を提案するのがイノベーション営業です。つまり**お客さまが認識していない問題点と将来へのビジョンを示してあげるのです。**

この**イノベーション営業を支えてくれるのがSNSの活用です。**

SNS市場はあと5年以内に1000億円を突破すると言われています。

なぜなら誰もが無料で使えるからです。無料だからどんどん利用者が増えている。と同時に、SNSの中でイノベーション営業を行うことの有効性に気づく人が増えています。

営業に最適なSNSは何か。

私はインスタグラムだと確信しています。

ツイッター、フェイスブックは文字を読まなければなりません。

しかしインスタグラムは写真です。つまり右脳で感覚的に見ることができます。ツイッターやフェイスブックは文字を読むため、左脳メディアといえるでしょう。

ツイッター、フェイスブック、インスタグラム。

みなさんがこの3つのSNSを思い浮かべ、時間を持て余しているときに見てみようと思うのはたぶんインスタグラムでしょう。

なぜなら、人はいちいち文字を読みたくないと考えるからです。「ツイッターやフェイスブックの文章は面倒くさい、インスタグラムの写真や動画ならOK」という人は増える一方です。

インスタグラムの月間のアクティビティユーザーは世界中に10億人もいます。すごい規模です。人が群れを成しているのです。

もちろんユーチューブも右脳メディアです。

最近は老いも若きも、何かを知りたいときユーチューブで動画の説明を聞く人が少なくありません。

写真や動画はユーザーにとって極めて楽で便利な手段なのです。

ということはこの便利なアイテムを放っておく手はありません。

十分に使いこなせるようSNSのシステムを理解し、また自分も実際に使ってみるべきです。**SNSがいかに集客の道具に使えるのか。そのことを理解する人こそ、現代と未来に活躍する営業マンといえるでしょう。**

何度も言いますが、世の中は急速に変化しています。

私は大学で教員免許を取り、中学と高校で音楽を教えようと思って勉強しました。そのときに学んだマニュアルはこの10年間でかなり変わりました。歴史の教科書も同じです。われわれが高校時代に教わった内容が、今では「史実ではないようだ」と疑問符をつけられてしまう。

40年とか50年前は銀行に普通口座を開いてお金を預けておけば年に2～3％の金利がつきました。

今はどうでしょうか。普通預金の金利は0・001％、つまりゼロ金利です。

要するに世の中には変化しない物は存在しないということ。そうした自覚を持たないといけません。

20年前、30年前に成功した方法は今では通用しない。だから、自分も一緒に変化しないと世の中の流れに取り残されて滅びてしまいます。今のポジションにあぐらをかいていてはいずれ転落します。

私自身もこの流れから弾き飛ばされないよう、これまで3000万円以上の自己投資をしました。今でも1時間数十万円の料金を払ってコンサルタントを受けています。

時代に取り残されないよう、努力をしているわけです。

みなさんも時代が変化しているという現実と、生き残るために自己も変化しなければならないという教訓を胸に刻んでください。

前述したSNSの隆盛はその動かぬ証拠なのです。

マーケティングの「3M理論」

前項と少し重複しますが、念のため「マーケティング」の基本理論について語っておきましょう。

マーケティングは販売の戦略を練ったり、売り上げの目標値を設定したりするときに重要な概念なのでしっかり理解していただきたいと思います。

マーケティングは3つのコンセプトから構成されます。

「マーケット」「メディア」「メッセージ」です。

①「マーケット」とはその商品やサービスを誰に売るのかを明確にすることです。男性に売るのか、それとも女性か。若者かそれともシニア世代かと

いう絞り込みは誰もが思いつきます。だけど、これだけでは不十分です。世の中のどこにあなたの商品やサービスの需要があるのかを分析しなければなりません。

たとえば美容に関する商品。体の贅肉を解消する器具やサプリメントなどを売るとき、単に肥満で悩んでいる人ではなく、出産後、お腹の肉がたるんでいる女性をターゲットにするという方法があります。出産間もない女性はそれこそ肥満やお腹の肉のつき方に悩んでいます。普通の肥満の人より深刻なこともあります。彼女たちは何か良い解決策はないものかと悩んでいるのです。

そうした女性にピンポイント攻撃のようにセールスを仕掛けたら、広い範囲の数多くの人たちに売り込むより、効率的に契約をもらえます。

「この商品はボディに効きます。出産後のたるんだお腹の問題を解決してくれますよ」

この言葉にお客さまは思わず身を乗り出すでしょう。なかには「こんな良い商品をよく開発してくれた」とあなたとあなたの会社に感謝する人も出てくるはずです。

大切なのはピンポイントでターゲットを絞り、的確な営業をかけることです。「この商品はサラリーマン向けです」とか「学生向けです」「主婦向けです」というのでなく、どのエリアに住む主婦で、いまどんな境遇にあり、何に悩み、どんな性格の人にアプローチするのかをしっかり思い描く。

こうしたマーケットの絞り込みがないと、商品やサービスは売れないし、売れたとしても無駄が多く、営業効率が低くなってしまいます。

マーケットに関する知識をもう少し述べます。

お客さまがひしめき合う市場を開拓する方法には2つの種類があります。「農耕型」と「狩猟型」です。

農耕型は「プラットフォーム型」とも呼ばれ、セールスマンが自ら種をまき、実りの時期を迎えたら刈り取るやり方です。一方の狩猟型は獲物に向って「おりゃー!」と突き進んで行きます。これまではこの狩猟型がほとんどでした。セールスマンが市場に飛び込んでお客さまという獲物を捕獲するやり方だったのです。

しかし時代は変わりました。今では農耕型、つまりプラットフォーム型のマーケット戦略をどのように打ち出せるかでビジネスの勝敗がつきます。

プラットフォーム型とは自分自身の得意なことや強味を生かして、周りに多くの人を集めることです。一人の人間ができることには限りがありますが、5人、10人、50人、100人と人を囲い入れ、自分のテリトリーに集めてネットワークを広げていく。そのネットワークの中で人々に商品やサービスを勧める。このプラットフォーム型のマーケティング戦略がこれから重要になってきます。

②「メディア」については114ページでも話しました。かつてはセールスマンが各家庭をピンポンチャイムを鳴らして訪問し、出てきた主婦などに購入を持ちかけました。しかし今は家庭訪問による売り込みをあまり見かけません。なぜなら、訪問販売にユーザーが慣れてきたからです。

最近はほとんどの家のチャイムがモニター付きです。だから玄関のドアを開けて外に顔を出す主婦が激減しました。モニター越しによほどのトークをしないと、ドアを開いてもらえません。

だからこそユーチューブやSNSを利用してピンポイントでセールスをかけるのです。ネットの特性を理解できない人はセールス競争で生き残ることができない。そう断定してもいいでしょう。

③「メッセージ」とは電話などでアポイントを取り、リアルな商談が始まったとき、どのようなトークで自分の思いを伝えるかです。自分の商品や

サービスのベネフィットは何なのか、この商品を購入したらユーザーの日常がどれだけ劇的に好転するのか、自分がお客さまに一番言いたいのは何なのか。これらを事前に整理してメッセージとして伝えるのです。SNSなどで商品情報を発信するときにインパクトのあるキャッチコピーを考案することもこのメッセージ考案作業に含まれます。

ただし、あまり多くの情報を与えるとお客さまは混乱してしまいます。混乱したら、あなたが語った商品の特性や利便性をうまく理解できない、あるいは理解できたとしても覚えていないという事態を招いてしまいます。だから言葉は手短にし、ピンポイントでお客さまの胸に突き刺さるよう工夫しなければなりません。

よく結婚式でスピーチする人に「言葉少なく、心を込めて」というアドバイスが冗談として投げかけられ、笑いを取ったりします。だけどこれは正しい教訓なのです。

マーケット、メディア、メッセージの「3M」について説明しました。

読者の中には「3つのうち2つくらいはできる」と考えている人もいるでしょう。2つできればビジネスで勝てると。

脅かすようで恐縮ですが、現実はそれほど甘くありません。現代社会は複雑でスピーディー、そして日々変化しています。そこに新型コロナウイルスが拍車をかけ、飲食店などが苦境に立たされています。廃業したビジネスが毎日のニュースになっているご時世です。

厳しい時代なのです。ライバルも無数にいて、数少ないお客さまにアプローチを仕掛けています。

断言します。

この「3M」のどれかが欠落したら、あなたのビジネスに明るい未来はありません。

あなたよりも3Mの重要性を知っている人が、あなたを乗り越えて進撃し、華々しい成果を上げるでしょう。そうした現実を目の当たりにし、「仕方ない。勉強するか」と決意しても、すでに後の祭りです。あなたの出る幕はありません。

「3M」の重要性を熟知し、ピンポイントで攻めるドラスティックな戦略を練ることができる人こそが勝利の美酒を飲み干すことができるのです。

お客さまに感動を提供する

商品やサービスを購入してくれたお客さまには「感動」を味わってもらいたいものです。

では人はお金を支払ったとき、何に感動するでしょう。

それは期待を裏切られたときです。といっても否定的な意味ではありません。

あるラーメン屋で８００円のラーメンを食べたとします。たしかにおいしいラーメンだ、８００円払う価値はある――。こう思っているところに、「これどうぞ」とゆで卵やメンマなどをサービスでプラスしてもらったら、誰もがうれしくなるでしょう。ラーメンがおいしいうえに店主の細やかな心遣いが感じられる。若い人などは店主と仲良くなって話が弾み、人生の教訓などを教えてもらったら、さらに得した気分になるはずです。

こうしたプラスアルファのサービスによって得られた喜びこそが、お客さまの感動だと私は考えます。つまり**お客さまが望む以上のものを提供するのです。**

私も電子書籍の営業をしているとき、規定外のサービスをしていました。その本の評判をSNSを使って拡散してあげたのです。

ある管理栄養士の女性は自分の専門の食品関連の本を出しました。そこで私は彼女の本をアマゾンランキングの1位に押し上げ、ユーチューブでもガンガン宣伝してあげました。もちろんこうしたブランディングは料金に含まれていません。まったくの無料のサービスです。だからお客さまは喜んでくれました。

当時はキンドルで1冊買われると、女性のもとに50円が支払われるシステム。あっという間に本はヒットし、彼女は30万円以上のお金を手にしました。完全に元を取ったのです。

「後藤さんのアドバイスを受け入れて本を出してよかった」

その女性に感謝の言葉をいただいたことが忘れられません。

私はいま「アート・オブ・ライフ」という会社の代表としてセミナー受講

生に営業のノウハウなどを指導しています。ただ教えるだけではありません。会社の設立の方法やＰＲ活動の仕方なども教えています。

これもプラスアルファのサービス。受講生は「９８００円の受講料でここまで指導してくれるのか」と満足してくれます。

人は良い意味で期待を裏切られるのが大好き。なぜなら、そこに感動があるからです。

お客さまが感動し、謝意を表してくれたら、営業マンも感動します。こうして感動の連鎖が続くのです。

第5章

一流セールスマンへの実践

アポイントの極意

営業マンは2通りに分類されます。

お客さまに好かれる営業マンと嫌われる営業マンです。

嫌われる営業マンは商品やサービスをダイレクトに売ろうとする人。これは絶対に嫌われます。成果も上がりません。

今の時代は商品やサービスが溢れ返っています。昔は高い商品、値段が高い商品はクオリティが高い位置づけでした。でも今は低価格でも高クオリティの商品が世の中にごまんとあります。

そうした状況下で、「この商品は今、これくらいの安さなんです。だからお買い得です」と安売りしてしまうのでは商品が売れる要素にはなりません。

売れない営業マンの大半は商品やサービスを安売りしようとします。これは時代に逆行しています。

安い価格帯で高クオリティの商品が買える今の時代は、価格で勝負するのではなく、どんな人が売っているのかという価格以外のところで勝負する。このことが圧倒的に大切です。少し前までは商品やサービスの機能的価値をプレゼンテーションしていましたが、今これをやると逆効果。

では、営業マンは何をプレゼンテーションするのか。

やることはひとつです。

それは自分自身のストーリーを語ること。このストーリー価値をプレゼンテーションしていくのがすごく重要になってきます。

ストーリー価値とは自分自身のマイストーリーや、その商品を手にするまでのいきさつ、その商品を購入に至ったプロセスを取り入れてプレゼンテーションするやり方です。

このストーリー価値が商品の成約率を上げる上で必要となってきます。

ストーリー価値とは具体的にどんなものなのか。それは自分の「復活」を語ることです。

ほとんどの人は「自分はこれまでこんなことをやってきたんです。こんな経緯があったから、今こんなことをしているんです」と自分がやっている仕事を語ります。あるいは自分の役職とか、こんなものを持っているんですよとか、外車に乗って高級マンションに住んでいる、今お金には不自由しない生活をしていることなどをしゃべるものです。だけど、聞く側はそうした「自慢話」にはまったく興味がありません。

みなさんもイメージしてください。

もしそんな自慢話のペラペラ男が目の前に現れたら、最初は「へ〜」と思うでしょう。ちょっとすごいなぁと感心するかもしれません。

だけど彼に憧れないはずです。「ベンツを5台持ってるんですよ」とか「高級マンションに住んでる」「高級腕時計を持ってる」とか言われると、「なんだこの自慢野郎」と腹が立ってくるものです。

基本的に人は相手が今持っている物や「今の現状がすごい」ということに興味を持ちません。仮に興味を持つ人がいても、あくまでも少数派です。その少数派でさえ、自慢男にはお金の魅力は感じても、人間的な魅力を感じません。

しかし、できる営業マンはストーリー価値によって、お客さまの目に魅力ある人物として輝いてきます。

人はどういうところに興味を持ち、その人のどこに価値を感じるのか。

答えはひとつです。

その人が仕事やプライベートがうまくいかないで、沈んだり、どん底を味わった時期があったとしましょう。しかし彼はその苦境からバンと跳ね上がりました。この**どん底に落ちて、そこから跳ね上がったストーリーに人は興味を抱き、その人物を好きになるのです。**

人間は最初から成功している人には興味を抱きません。だけど、その人がいったんどん底まで落ち、そこからすごい勢いで這い上がってきたというドラマチックな半生を生きてきたのだったら、「え、どうやって這い上がったの?」と話を聞きたくなります。その流れで「あの人がどん底に落ちて這い上がったのなら、私にもできるかもしれない」と勇気を与えられるかもしれません。

重要なのはあなたの商品がどうであるかとかないとか商品の良さ、値段・価格の競争でプレゼンテーションするのではありません。ましてやあなたのリッチな暮らしぶりでもないのです。

お客さまとの距離を縮めるのは、

「今までこういう思いでやってきたのが、うまく行かなかった時期がありました。それがこの時代のどん底の時期でした。でもそこからボクは這い上がりました。這い上がって今こういう思いで事業をやっています」

というミラクルサクセスストーリーです。

相手は聞いてきます。

「何でそうなったんですか？」

「どうやって立ち直ったの？」

そこで答えるのが営業マンの力です。

「それは今の、ボク自身が使っている商品やサービスに出会ったからなんです」

こう回答すれば商品は売れます。

つまり商品やサービスの価値と良さを決めるのは、売り手のストーリーなのです。どんな経緯でその商品に辿り着いたか、どういう思いでその商品やサービスを使っているのか。この思いがものを言います。

人は感情的な生き物です。商品やサービスをプレゼンテーションするだけでは売れません。

その商品やサービスに辿り着くまでにどういう物語があったのか、その商品をどういった思いでつくったのか。

こうしたストーリー価値をつけないと今の時代、物は売れません。

なぜなら、他の営業マンと差別化を図れないからです。

念のため説明しますが、**マイストーリーを語る際は、逆境から這い上がったときのV字カーブの付け根の部分こそが重要です。**この部分こそが人が興味を示し、詳しく聞きたがるポイントです。なるべくドラマチックに話してください。

お客さまとアポイントの段階で仲良くなるのは重要です。

そして**一番仲良くなれる秘訣は商品やサービスに結びつけたマイストーリーを相手にドラマチックに伝えることです。**商品やサービスの話はしなくてけっこうです。むしろ商品の説明をすればするほど相手は引いてしまいます。

私もアポイントや商談のときはあまり商品とサービスの話はせず、8割くらい自分の話をしています。

世の中のほとんどの人は相手を説得しようとして商品の話ばかりします。私は逆のやり方をしているわけです。

みなさんも考えてください。

信頼している人からの話でないと商品を買わないものでしょう。相手が信頼していない人だったら、どれだけサービスの良さを説明されても買うべきかどうかで迷ってしまいます。

なぜそうなるのか。

お客さまは商品やサービスで決めるわけでなく、**営業マンの魅力で決めているからなのです。**

今の時代に大事なのは商品の機能性ではなく、自分自身の人生における落ち込んだタイミング、そして這い上がったタイミング、そのときにどういう感情だったか。そして出会ったのが「この商品だった」「このサービスだった」ということを熱く語れるかどうか。

これがアポイントが取れるか、商談をまとめ切れるかのポイントとなります。

自分が優位に立ちながら、相手自身に選択させる

営業テクの講座を見ていると、「お客さまに対してお役立ちの精神でお付

き合いをしましょう」というのがあります。

お客さまのために誠心誠意で尽くせというわけです。

世の中には「お世辞を言うことがビジネスの第一歩」と教えている企業経営者も存在します。

こうした動きを見ていると、営業マンがお客さまと対等の立場に立っているとは思えません。

まるで封建社会の従僕のようにへりくだり、媚びを売り、へつらい、平身低頭して召使のようにサービスしろと教えているようです。

私はビジネスの現場では、営業マンとお客さまは対等の人間関係になるべきだと思っています。いやむしろ、**営業マンのほうがお客さまより優位に立つべきです。**

お客さまから「聞きたいことがあるからすぐに来て」と電話をもらい、

「はい、すぐに参ります」と大事なスケジュールをすっ飛ばして飛んでいく。

これははた目からみると滑稽です。

できる営業マンは「すぐに参ります」とは言いません。

「分かりました。スケジュールを確認します」と言って手帳をめくり、会議やミーティング、商談が入っている場合は、

「申し訳ありませんが、本日は予定がぎっしりでふさがっています」

と言い切ります。

相手がこれまでの関係をチャラにするなら、それはそれで仕方ありません。

そもそも、営業マンが売った商品が何か問題を起こしたわけでもないのに「すぐに来い」と無理難題を押し付けたお客さまのほうがマナー違反です。

このようにきっぱりと「行けません」と断る営業マン。彼らを見ると、その多くは売ることができる優秀な人材だと気づきます。

なぜなのか。

第一に、彼らは売り上げを達成できる自信があるから、お客さまのわがままを聞く必要がありません。

次に「忙しいから、そちらに行けません」と断ったということは、それだけ売れっ子営業マンだということです。

すぐ来いという命令を断られたお客さまはそこで、自分の相手がすぐれたセールスマンだということに気づきます。

すると、彼に見放されることに不安を感じます。ダメなセールスマンは世の中にごまんといます。

しかし、卓越した才能を持つセールスマンはそれほど多くありません。

そんな折り紙付きの営業マンから、「あなたはわがままだ」と三下り半を突きつけられるより、我慢したほうがいいと思う。同時にその営業マンにリスペクトの念を感じるようになる。このとき、両者の立場は入れ替わっています。

営業マンは以後、優位に立ちながらお客さまと商談を進めることができるのです。これとは逆に「商品を買ってください。そのためには何でもします」と頭を下げるのは自分の品格を下げてしまうということです。

話の角度は少し違いますが、ある有名ブティックに30代の販売員がいます。彼女はそのブティックチェーンの中で上位5人に入るほど売り上げを上げています。なぜ、そんなに売ることができるかと、こう質問しました。

「やはり、お客さんが入ってきたら、いろいろと勧めるのですか?」

すると彼女の答えは、

「聞かれれば答えます。だけど詳しい商品説明はしません」

ではなぜ、売れるのか。

彼女はこう教えてくれました。

「私が勧めているのは30~40代の女性向けのブティックです。お客さまのほとんどが既婚者。洋服を見ている彼女たちと世間話をします。するとみなさん、愚痴を言う。内容はみんな同じです。ご主人が自分をかまってくれないとか、ご主人が休みの日に家でグダーッと寝ているとか。夫の悪口ばかり。私も結婚しているので『分かります。うちの主人もちっとも私のことをかまってくれません』と応じます。その日は世間話をしただけで彼女は帰って行きます。いわゆる冷やかし客です。だけど、そういう世間話をした人は必ず後日、また来店してくれます。しかも今度はご主人と一緒です。そこで私は『おたくのご主人はこうして奥さまと一緒に買い物に出かける。本当にご立派です。うちの夫は絶対に買い物に付き合ってくれません』と褒めたたえます。ご主人はうれしくなります。サイフのヒモを握っているのはご主人です。気分がよくなったご主人は『これ買っていいぞ』と言います。こうして洋服をお買い上げとなるのです」

なるほど。すごい心理戦です。

そういえば、軒先に陳列した洋服を見ているだけで店主や販売員が飛んできてしつこくセールストークを繰り広げるブティックがあります。

そうした店では一度しつこくされたお客は二度と寄り付きません。

だから閑古鳥が鳴き、1年後に閉店となるのです。

お客さまにしつこく食い下がったり、戦前の「滅私奉公」の精神で服従すると、相手に敬遠されたり、軽蔑されたりします。

人間はヘタなプライドを持つと友人を失います。だけど良質の自尊心がないと周囲から敬意を払ってもらえません。

何度も言いますが、営業マンはお客さまの従僕ではないのです。

「自分のことを見下すようなお客さまはこちらから願い下げ」というくらいの見切りをすることが重要です。

ただし、お客さまに対して「こっちこそ願い下げじゃ。われ〜!」に罵詈雑言を浴びせてはいけません。

威厳をもって、すっくと立ち上がり、肩で風を切って去って行く。それがカッコいいセールスマンなのです。

断られたときこそ、相手の本音を聞くチャンス

商談で商品とサービスの説明を行い、お客さまに「あなたの悩みと問題を解決してあげたい」という意図を伝えた。だけど、断られてしまった。そんなとき、人は心の中で「こんちきしょう!」と叫んでしまいがちです。「せっかく資料まで用意し、何度も足を運んだのにこれかよ」という気持ち。

その悔しさ、失望感も分からないではありません。

ですが、ここで完全に諦めてはなりません。

せっかくだから、お客さまに事情聴取をしてみましょう。

まずはお客さまの「ノー」という返答を受け入れ、「今回は残念ながら成約に至りませんでした」と自分が諦めた、つまりこれ以上の深追いはしませんよということを明白にします。

その上でなぜ断ったのかを聞いてみます。

お客にはさまざまな事情があります。

導入したいけど会社が決定してくれないとか、資金が足りないなど。ときには、実はライバル社からもセールスを受けていて、そちらの価格とサービスのほうが魅力だという理由を告げられることもあります。

こうした事後のトークで大切なのは「契約を断られたけど、私はあなたの味方ですよ」という姿勢を崩さないことです。

なぜかというと、お客さまの中に一種の後ろめたさのような感情が芽生えているからです。

みなさんも自分のことを考えてください。

たとえばブティックで洋服を見ていた。そこに販売員がやってきて商品についてあれこれと説明してくれた。販売員は長々と説明する。だけど、予算が足りないとか、気に入った洋服がなかったという理由で「やっぱり、いいです」とほかの店に行こうとする。そのとき販売員の中には顔を曇らせる人がいます。顔が曇るというより、怒りを表しているのです。

「せっかく説明をした。あなたは試着までした。なのに買ってくれないの。私は今月のノルマを達成できていない。焦っている。なんとか1着でも売りたいのに、逃げるの。この薄情者。キィー！」

こんな気持ちが表情に凝縮されているわけです。

誰もがこうした怖い顔で睨まれた経験があるでしょう。

セールスも似たようなものです。

営業マンに「ノー」と言ったら、相手に恨まれるのではないかとお客さまは少し弱気になっています。

そんなとき、購入を断った営業マンが満面に笑みを浮かべ、

「買う、買わないはお客さまが決定なさることですから、ボクは何とも思いません」

と一声かける。これは相手への承認となります。つまり、**断られたけど、あなたに寄り添いたいという気持ちを表現しているのです。**

お客さまは血の通った人間です。自分が拒絶した営業マンに寄り添ってもらったら、

「次に何かを提案されたときは、良い返事をしてあげたい」

と思うもの。

ここに次回の商談への精神的な連帯感が生まれるのです。つまり、**一度の拒絶が次のチャンスにつながります。**実際、商談を断ってきたお客さまから、

「当社は契約できなかったけど、知り合いの会社に同じ悩みを抱えていると

ころがある。よかったら紹介するよ」

と言われたケースは少なくありません。


つまり決裂が新たなビジネスチャンスを生むわけです。


以前、ある有名政治家の秘書に、「秘書として成功する秘訣は何ですか?」と質問したことがあります。彼は迷うことなく、こう答えました。

「それは相手とケンカすることです」

意外な答えなのであれこれと質問したところ、大要次のように説明してくれました。

有権者や他の政治家、選挙スタッフ、地元の名士など、政治家の周りにはさまざまな人がいる。この人たちはいろんな要求をしてくる。彼らと良好な関係を築くために「なるほど」「ごもっとも」とお追従笑いをしていては、相手との関係を詰めることはできない。つまり親しくなれない。

そこで、「できないものはできません」と拒否する。相手は「なぜできないんだ」と怒る。こちらも「なんで分かってくれないんだ」と怒り返す。一種のケンカ状態になる。というよりも意図的にケンカ状態に持ち込む。

その上で、自分の立場や周囲の状況を説明する。

時間をかけて丁寧に話すと相手は分かってくれる。そして「さっきは怒って悪かった」と歩み寄る。相手は自分のほうが先に罵倒の言葉を浴びせたという罪悪感がある。その相手に対して、秘書は「ボクのほうこそ口答えしてすみませんでした」と謝意を表す……。

こうなると、相手は自分の味方になってくれるそうです。そして二度と揉めることはなくなる。

トラブルが起きたとき、相手のほうから折れるようになる。こうしてどんなときでも自分をかばってくれる味方が1人できたことになります。

その秘書はこうやって半ば意図的にケンカを吹っ掛けられ、ケンカのマイナス要素をプラスに変えて、味方を次々とつくったそうです。

彼が仕えていた政治家は数年後、引退しました。しかし秘書である彼自身はすぐに同じ政党の政治家から「私の秘書になって欲しい」と迎えられました。


この話はお客さまに商談を断られたときと共通するものがあります。

契約へのノーとケンカ。どちらも人が対立するようなケースです。だけど、両者が信頼を深めるための要因があります。

歴史やビジネス、政治の世界ではよく「ピンチはチャンスだ」と言います。この逆転の発想が重要です。

イソップ寓話に「北風と太陽」の話があります。

旅人にいくら強風を吹きつけてもコートを脱がすことはできません。太陽がポカポカと体を温めてこそ、旅人は穏やかな気持ちでコートを脱ぐ。

営業マンも同じです。

ごり押しせず、相手を快く開放し、そのあとも太陽のような温かい助言をしてあげれば、いつかビジネスのチャンスをもらえるものです。テーブルをドンと叩いて相手を威圧してしまっては、せっかくの人脈がゼロになってしまいます。

それはもったいないことです。

第6章

一流セールスマンがやっていること

自分のファンをつくる（つながり、人脈形成）

ある商品やサービスを購入してくれたお客さまに「お知り合いでこの商品が好きそうな人、購入を検討している人がいたら紹介してくださいい」とお願いすることがあります。

しかし、このトークで実際に顧客を紹介してもらったというケースはあまり多くありません。

お客さまから誰かを紹介してもらうために重要なのはシチュエーションとイメージです。

たとえば工場勤務のサラリーマンに何かを買ってもらった場合。引き渡し

の際に、

「この商品を購入なさったので明日から便利になりますよ。職場にお客さまと同じ悩みを抱えている方は多いのですか？」

と質問します。

相手は自分の職場を頭の中に描き、

「そういえば多いね」

とイメージします。

そこで営業マンは、

「そんなに多いのだったら、大変です。お昼休みでご飯を食べているとき、みなさんとトラブルの話になったら、ボクのことを話をしてもらえませんか。悩みや不安を解決できるよう、ご紹介いただきたいのです」

とお願いしてください。

相手はこの言葉を覚えていて、後日、何かの話題になったとき、営業マンの顔がふと脳裏に浮かび、「こんな人がいるよ」と営業マンの名前を出してくれます。

このトークのポイントは「お昼休みにご飯を食べているとき」というセリフで、お客さまの頭の中で、営業とランチの食堂の映像が結ばれたこと。お客さまはまるで催眠術にかかったように、営業マンのことを思い出してしまうわけです。

こうした心理テクを使わず、ただ闇雲に「お友達や同僚の方を紹介してください」と持ちかけるのは、私に言わせれば愚の骨頂。

なぜなら、せっかくできたお客さまとのコネクションを生かし切れていないからです。

ちょっとした言葉の使い方で、お客さまの紹介ネットワークが無限に広がるということを忘れないでください。

理想状態の明確化、目標設定

世の中には目標をクリアしているのに認められない人と、クリアして認められる人とがいます。前者はちゃんと結果を出しているのに高い評価を得られない。

こうした現実を考える際に重要なのが「自意設定」と「他意設定」です。自意設定は自分で立てた目標。一方、他意設定は他者が設けた目標ということです。

たとえば自分が立てた目標が1カ月で1000万円を売ることとしましょう。これが自意設定です。

しかしその商品の市場の平均的な売り上げが2000万円であったら、1

000万円をクリアしても到達していない数字となります。1000万円は評価の対象でないため、周りから高評価を受けるどころか、「おまえ、何やってるんだ」とマイナス評価を受けてしまうことになります。

私が申し上げたいのは、**世の中は他意設定が大切ということです。**他意設定のためにはその商品が1カ月で売れる平均値を知らなければなりません。

学校のテストにたとえてみると、数学のテストでいつも10点の人が30点を目標にして試験を受けた場合です。

30点を取ったとしたらたしかに目標はクリアできます。しかし、そのテストの平均点が70点なら、周囲の評価の対象になりません。

営業も同じです。基準の数値とは何か、そしてどれだけ売れば評価されるかを知らないと努力が無意味になってしまいます。

他意設定の基準は市場のどこが平均なのかを知ることです。

ただし、基準値は会社によって違います。

業界の基準値の平均が１０００万円でも、あなたの会社の基準値がその２倍なら、１０００万円を売ったとしても評価の対象になりません。１０００万円が不足しているからです。そんな会社はたくさんあります。

他意設定のポイントは市場のどこが平均（基準値）なのかを知ること。そして会社によって基準が変化することを知り、売上の平均値が市場の２倍なら、基準も２倍であるということをはっきりと認識することです。

いまの自分はどの数値を超えなければならないかを認識しないと努力が無駄になります。

つまり、世の中の基準は他意設定である、ということです。

もちろん、世の中の評価がすべてではないという考え方もあります。ですが、ビジネスや営業はそんな甘くありません。市場からの評価をどんどん獲得しないと、あなたのビジネス、営業活動は衰退してしまいます。

世の中の市場はどんどん成長しています。

その成長について行けない人は消えていくしかありません。

市場の規模、市場の基準値がどこに設定されているのかを知り、その数値をまず超えていく。つまり他意設定を超えるのです。

いま自意設定をしている人は他意設定に変更してください。

そうしないとエゴや自己満足と見られてしまいます。

毎月の売り上げが他意設定をクリアしているのかに着目して目的を設定なければ、せっかくの努力が水の泡に帰してしまいます。

目的意識の「知行合一」

「知行合一」とは「物事を知っているだけというのは知らないのと同じ」と

いう意味です。みなさんも「それ知ってる」「分かってるよ～」と言えることはいろいろあるでしょう。

しかし実際のところ、**知っててもやらないと意味がありません。**

知行合一とは行動に移して何かをなすこと、それこそが「知っていること」ですよという考え方。つまり知ることと為すことを一致させなければならないのです。もっと突き詰めて言えば、知ってることを最大限に知るためには実際に自分が物事を行ない、しっかりとやり切らなければ意味がありません。

そのためには**目的意識をしっかり持って、目標を達成できる状態をいかにたくさんつくるかがポイントになります。**

知行合一で重要なのはすべての行動に目的意識を持つことです。

営業の場合は「1アポ」「1商談」「1クロージング」のそれぞれに目的意識を持つこと。

みなさんは日ごろの業務でなんとなくアポイントを取っていませんか。アポイントの理由を明確に決めていますか。今日のアポイントの目的は何ですか。

いつまでにつなぎたいのか、いつまでに商談をするか。お客さまはどんな商品を買うのか……。こうしたことを明確に決めているでしょうか？

営業で成果を上げられない人がいます。

そうした人は目的意識が明確でないことが多いようです。なんとなくアポを取っている。商品説明もなんとなくしている。クロージングも「まあ、決まったらいいいかな」くらいのレベルでやっている。要するに惰性で働いている。

だから全然結果が出ないのです。

できる営業マンとダメな営業マンの違いは目的意識を明確に持っているかどうかで決まります。

みなさんは実際にどうなりたいから、私のこの本を読んでいるのでしょうか。ヒマつぶし？　それではビジネスは進展しません。

大事なのは自分自身がどうなりたいかです。

本を読むことは大事です。

しかし世の中には「先輩から勧められたから読んでいる」という人がいます。これはまったく意味がありません。時間の無駄。読まないほうがいいくらいです。

目的意識が「先輩に言われたから」というのは意識が他者に向いていることです。

勉強もそうです。言われたからやる、やらなきゃならないからやるではダメ。勉強する目的が自己の中で明確でないと本当に学びたいことが学べません。実際に学んだとしても実践に至らない。

大事なのは何を勉強するのか、その本を読むことにどういう目的があるのかを自分に問いかけることです。

その場合、ほとんどの人が「目的は仕事に生かすこと」とか「営業の成果を上げること」と回答します。

でもそれでは不十分。実際に営業の成果を上げるために仕事の成長につなげたいというのなら、その本を仕事のどのような局面でどのように活用するのかを考えて知識を生かさなければならないのです。

営業の成果を上げたいのなら、その本を読むことで営業のどこをどういう風に向上させていくのか。そこまで明確にしないと、本を読んでいるだけ、勉強しているだけで終わってしまいます。それでは時間の無駄遣いです。

世の中にはめちゃくちゃ勉強し、本も読んでるし、セミナーもいっぱい出ているけど、成果がともなっていない人がけっこういます。そうした人に共通しているのは目的意識が薄いことです。

本を読んだり、セミナーを受けるとき、しっかりと目的意識を持ち、学んだものや見たことをどう生かすのかを最初に決めておかないと意味がありません。

なんとなく読むのではなく、読む前にこの本からどういうものを学び取ってやろう、読んだあとに自分自身はこういう風になっていようと決めないと知識が宝の持ち腐れになってしまいます。

人は何か行動をするとさまざまな物が目や耳から脳裏に入ってくるようになります。こんな話があります。

自分が新しくベンツを購入したと想定してください。

ベンツのオープンカーの新型で、あまり人が乗っていないハイグレード車。そのクルマに乗っていると、道路ですれ違う同じタイプのベンツがやたら目に入るようになります。

自分が赤いスーツを着ていたら、道ですれ違う赤いスーツの人が気になり、やたら目に映るようになるものです。

これを「カラーバス効果」と呼びます。人は何かを意識していると、関連情報が目や耳から入ってくるようになる。無意識のうちに目や耳がその情報を獲得しようとしているのです。

それらの情報の重要度を決めるのはその人自身です。

大事なのは知行合一という言葉を忘れず、目的意識を明確に持ち、行動に移すことです。勉強することがそのまま仕事の成長につながるのだと思ったら大間違いです。勉強が成果につながるのではなく、勉強する目的意識を明確に持つことこそが自分自身の成長につながります。的外れな勉強、的外れな本、的外れな学びをしてしまうと、それは時間の浪費になってしまう。

私はセミナーでそのようなことをお伝えしています。

自分自身の目的意識を明確にし、自分自身で「これをやるぞ」と決めたら、その約束を徹底的に守り抜くこと。約束とは知行合一を指します。

知行合一を守り抜くことによって、人は約束をしっかり果たすことができるのです。

さて、ここで大事なのが「理性」「感性」になります。

理性は自分自身がしなければならないこと。感性は自分がこれをしたいということです。２つとも重要です。なぜなら両者は相互に補っているからです。

理性だけの場合は、自分はこれをしなければならないと考え込んでしまい、人生を楽しめなくなります。

一方、感性で「自分はこれをやりたい」「こんな物が欲しい」と考えるだけでは成果が上がらず、事業が成り立ちません。

ここで重要なのは理性と感性のバランスです。

自分が「したいこと」を「しなければならない」という意識で実現させるのです。つまり**感性を理性でコントロールして実現させていくことになります。**

強い理性を持ってこの「したい」という感性を実現させていくことが重要です。

話は戻りますが、自分が「したいと思うこと」「しなければならないと思うこと」を見極める作業でも目的意識が重要となります。

何のためにやるのか、何のためにアポイントを取るために苦労するのか、なんのためにプレゼンを行うのか。ひとつひとつの物事に目的意識を持つ。それこそが営業において成果を上げる秘訣です。

整理すると、**すべてに目的を持ち、さらに目的意識を明確にする。**

いま仕事のためにアポイントを何本獲得するかを決めて電話をかける。電話をかけながら、話が終わるまでに次の商談をどのような状態にするのかまでをイメージするのです。プレゼンテーションも商談もクロージングも、**終わるときにどのような状態になっていたいのか、どのような状態にするのがベストなのかをしっかりと考えてください。**

自分との約束を知行合一としてとらえれば圧倒的な成果が得られます。知行合一をキーワードにしてビジネスに活用してほしいのです。

結果の完了

みなさんは営業マンとしてもっと成長したいと考えているでしょう。

だけど意欲があるだけではダメです。

まずは自分にとって成長とは何かを考えなければなりません。

答えを言いましょう。

成長とはこれまでできなかったことができるようになることです。

その場合、数と質で考えることが大事になります。今日できなかった原因は何なのか、なぜできなかったのかという問題点を、仕事の仕方という事象をしっかり分解しつつ考えるのです。そうしないと、いつまでもできないままで終わってしまい、成長できません。

効率的かつ、最短で成長する方法をお教えしましょう。

まず重要なのが「結果の明確化」です。

これは1カ月先にどんな結果を生み出したいのかを明確にすること。目標や自分が得たい結果を数値化、つまり具体化し、細分化するのです。

1カ月先に5契約をものにしたいと考えているとします。その人は何の商材で5契約を取るのか、5契約取った時の売り上げはいくらになるのか、その売り上げで自分の利益はいくらになるのかをしっかり計算しなければなりません。

大事なのは契約をいくつ獲得するのではなく、利益をいくら出すかを決めることです。その結論が出たとき、利益をいくら出すには何契約を獲得しなければないかと逆側から計算します。すると契約本数が足りないかもしれない。いまのままでは利益達成に程遠いかもしれないという問題点が見えてきます。

どれだけの利益を出すのか。そのためにどれだけの人に会うのかと分解して考えること。これが重要です。1カ月先の月末時点でどれだけの利益を出す予定か。それは明確か。そこがしっかり分解できてないと、かなりの数の契約を獲得したのに、「あれ、全然利益がない……」と愕然としてしまいます。利益計算をしっかりしていないと、予測していた結果と現実の結果がイコールにならないことがあるのです。

2つ目に重要なのは「不足分の明確化」です。1カ月先の結果を明らかにし、1カ月先の目標をクリアするためには今の自分に何が不足しているのか、どういうスキルが足りないのかを明確化します。

たとえば1カ月先で500万円の利益を出そうとしたとき。1日あたり25

万円の利益を出さないといけない計算になります。もし3万円しか利益がでなかったら、22万円の不足です。ここでは22万円不足した原因は何か。その原因を追究して改善していくことが重要となります。

ほとんどの人は「22万円の利益が出なかった。だから明日は頑張ろう」と考えるでしょう。明日は今日の2倍やろうと根性論の話をする人もいます。残念ながら、世の中はそう甘くありません。今日達成できず、明日2倍やろうなんてことは現実的に不可能なのです。

大事なのはなぜ22万円が不足したのかを明確に考えること。そうでないと明日も同じ結末になります。明後日は「じゃあ、3日分頑張ろう」となり、より根性論に走って自分で自分を追い詰めることになります。

具体的に言うと、今日は6アポイントが必要だったのに、3アポイントしかできなかったというケース。不足分の3アポイントをなぜクリアできなかったのかを明確にしないと、明日の改善策を知ることができません。**なぜ**

不足したのか、どうすれば不足を改善できるのかをより明確にする。これを具体化して出さないといけないのです。

もし、3アポイントが会社の都合や社員の病気で流れた場合、会社の都合で流れないためにはどうしたらいいのか、病気で流れないためにはどのようにすればいいのかをしっかりと分析してください。

3つめのポイントは「次の結果の明確化」です。次の結果とは明日の結果のこと。明日の結果をより明確化します。

今日22万円が不足だった。明日は今日の1・8倍やらないとならない。明日1・8倍やるために、今日のうちにどのような対策を打てるのか。この答えをしっかり出さないとダメです。利益を今日の2倍取るとなったら、そのために何をしなければならないのでしょうか。

契約を取って利益を上げるためにはプレゼンテーションをしなければなりません。利益を2倍にするにはプレゼンテーションも2倍取らないとならない。プレゼンテーションを2倍取らなければならないということはアポイントも2倍取らないとならない、アポイントを2倍取なければならないとはアポイントを取る時間を2倍にしなければならない。このような計算が成立します。

つまり利益だけを2倍にするというのは不可能なのです。プレゼンテーションとそのためのアポイントの数、アポイントを取るためにどれだけの時間を費やすのかを分解しないといけない。必要時間の算出が必要ということです。

最終的なゴールを変えたければ、すべてを変えなければならないことになります。

「結果を2倍にしたい」とか「明日2倍やろう」という根性論ではなく、そのためには今何をしなければならないのか。アポイントを取る時間を2倍にするにはどうするのか。もしかしたらアポイントを取る媒体を増やさなければばならないのかなどを検討する。そうなると行動が変わってきます。

アポイントを取る媒体を増やすという結論にまで着地して進めていく。これが次の行動変化の明確化につながります。

4つ目の「行動変化の明確化」を実際に行っている人はきわめてまれです。

行動変化とは何か？

それは自分の行動を分析して、行動を変えていく作業です。アポイントが半分しか取れなかったとして、自分がどんな行動を取ったから半分だったのかを考える。あなた自身の行動をどれだけ見つめ直せるか。これが行動変化の明確化です。

実際には「今日、運が悪くてアポが取れなかった」「やっぱり世の中、コロナとか流行ってるから」と外的要因のせいにする人を多数見かけます。だけど外的要因に責任を転嫁していては何も改善されません。

大事なのは外的要因はあったとしても、その中でどんな動きをすれば、達成できるのかを自分に問いかけること。それを明確化しないかぎり絶対に達成できません。

あのお客さんが悪かったとか、社会環境のせいだとか、会社に問題があるとか、「言い訳ばかりがどんどん出てくる。そのあげくが「新型コロナのせい」となる。そんな人に私は「ではコロナがあってもできる方法を考えなかったのですか」と質問します。営業で重要な質問です。

要はあなた自身が自分を変化させられたかということです。今日と同じやり方をしていたら、明日も同じ結果になります。だったら、**今日の動きを基にどんな風に行動を変化させますかということです。**

これから朝早く起きるように変えるのもいいでしょう。生活を夜型から朝方に変えてみるのもひとつの方法かもしれません。これまでは20代にしかアプローチしなかったのを30代に変えてみる手法もあります。

やり方はいくらでもあるのです。

あなたが行動変化をどれだけ起こすのか。それが行動変化の明確化です。

1から4までのポイントをすべて押さえた上で結果をしっかり分解して、毎日の仕事に臨むこと。これが目標達成の最速のコツになります。

4項目を営業業務にしっかり落とし込んで、自分自身で結論を出してください。

ART OF LIFEオンラインサロンについて

オンライン環境さえあれば、いつでもどこでもセミナー動画視聴が可能。

世界中どこからでも学び、実践に落とし込むことが出来ます。

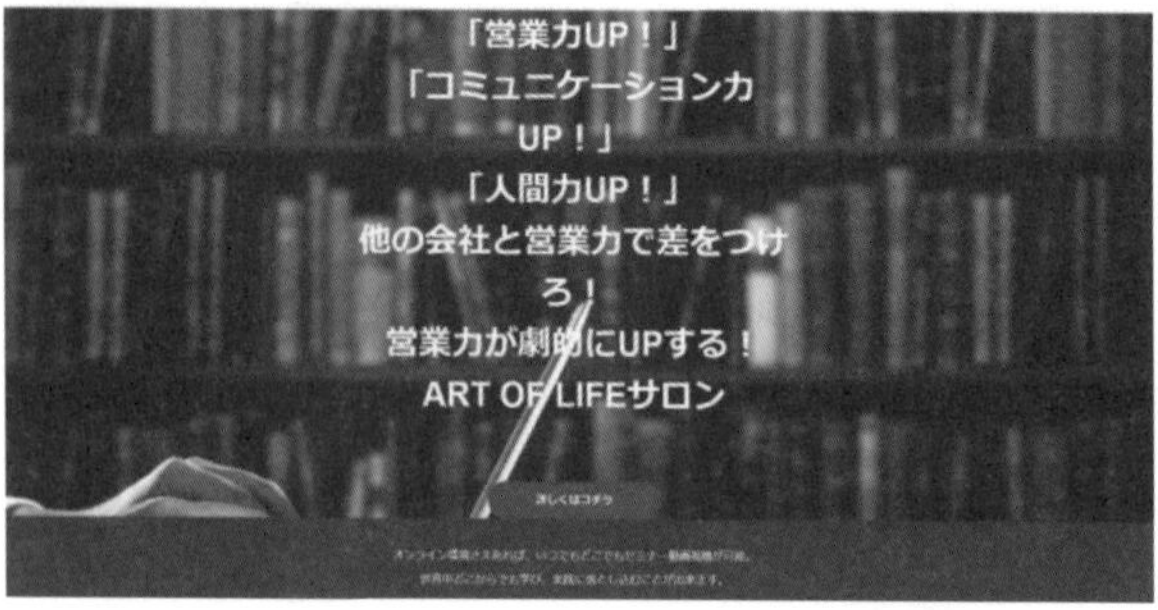

オンライン環境さえあれば、いつでもどこでもセミナー動画視聴が可能。

世界中どこからでも学び、実戦に落とし込む事が出来ます。

会場に来れない人もたくさんいると思いますので、音声&映像配信もしっかり行います。

・人間関係を良好にする事の出来る力	・今よりも収入を上げる事の出来る力
・仕事に困ることがなくなる力	・周りから必要とされる人財になる力
・やりたい事、夢を叶えることが出来る力	・本当の心からの仲間をつくる力

仲間と笑い合い、好きな時に好きな場所で好きなだけ好きな事が出来る!　そんな自分（未来）になれる人間力超強化セミナーがART OF LIFEセミナーです!!

共に成長していきましょう!!

一緒に目標達成しましょう!

貴方なら出来る!!　必ずやれる!!

そこから未来（自分）が変わります!!

ART OF LIFEオンラインサロン
月額9,800円（税込）

詳細はこちら
https://school.artoflifeonlinesalon.net/

おわりに

本書をお読みになってみていかがでしたでしょうか？

みなさんのセールス、営業に対するイメージが変わったのではないでしょうか。

自分の個性を思うように発揮し、同時に自らの人間性を磨き、高めていけるのが、「営業」であり、その「営業力」は、現代社会において、人と関わらずに生きていくことが不可能な以上、何らかの形で必要不可欠なものなのです。

この「営業力」、すなわち、自分自身の「魅力」に気づき、そして、良好な人間関係を構築する能力を身につけることができるよう、心がければ、これまでの人生が変わったものになってきます。

本書でも述べていますが、かくいう私がそうでしたから。

この、自分自身の「魅力」に気づくということは、人との良好な関係を築き、自分の人生を楽しくしていく上で非常に大切です。

多くの人は、日々の生活に流され、なかなか自分自身のことをじっくり見つめ直す機会がありません。

しかし、たまに自分自身のことを振り返り、そのときの自分や周囲の人たちの言動などを総括することで、新たな気づきであったり、教訓や問題解決の糸口を見出せたりできます。

そして何より自分自身のことがどんどん好きになってくるはずです。

自分自身のことが好きになってくると、考え方はもちろん、性格も自然に明るく前向きになり、それが周りに伝播していきます。

気づけば、あなたの周りには、素敵な人たちばかりが集まってきているはずです。

そうです。

あなたの人生が好転をしはじめているのです。

そうした中で、本書で述べたメソッドを参考に上手に人間関係を構築していってください。

確実にあなたの人生が変わっていきます。

もし実際にお会いできたなら、あなたの人生を大きく変える手伝いができると思います。

そのときを、今から楽しみにしています。

あなたの人生は、あなた次第でもっと良くなります！

本書を最後まで読んでくださり、誠にありがとうございました。

2020年8月

株式会社ART TRADE JAPAN

代表取締役　後藤　伸

●著者プロフィール

後藤 伸（ごとう しん）

株式会社ART TRADE JAPAN 代表取締役。

その他、営業会社、福祉、通販会社等、十数社を経営。

大学在学中の19歳で映像制作事業、営業事業を展開。卒業時には自身の組織を抱えマネジメントをするに至る。

22歳で営業講師として多数の企業で年間200回以上講演。

営業を通し、悩み解決をしてきた方は述べ1万人以上に及ぶ。

その後、現在までに破竹の勢いで成長を遂げ、25歳で海外取引をする海外法人を設立。

26歳でインフルエンサープロダクション事業、営業研修などの事業を展開。

2020年現在では数十社の会社を経営し、個人と組織を活かした世界に影響を与える新しい産業を開発し続けている。

最短で成功する営業力

2020年9月10日　初版第1刷発行

著　者／後藤　伸
発行者／赤井　仁
発行所：ゴマブックス株式会社
〒106-0032
東京都港区六本木3丁目16番26号
ハリファックスビル8階
印刷・製本／みつわ印刷株式会社
編集協力／森田健司

ISBN978-4-8149-2234-5